SOUSCRIPTION

A L'OUVRAGE

LA CONSPIRATION DU GÉNÉRAL BERTON

(Affaire dite de Thouars et Saumur)

PAR Honoré PONTOIS

Un volume grand in-8°, imprimé sur beau papier ; — Grandes marges ;
Orné d'un superbe portrait du général Berton, d'après un dessin du temps

SOMMAIRE :

État des esprits en 1822 — La Conspiration — Le Procès — Les Exécutions —
Plus de 200 pièces justificatives de la plus haute importance historique.

BULLETIN DE SOUSCRIPTION

Ce bulletin destiné à être détaché, devra être renvoyé, après avoir été rempli

M. ADOLPHE JOURDAN, LIBRAIRE-ÉDITEUR

4, Place du Gouvernement. ALGER.

Je soussigné _____

demeurant à _____

déclare souscrire à (1) _____ exemplaire de l'ouvrage intitulé la CONSPIRATION DU GÉNÉRAL BERTON, et m'engage à payer le montant de la présente souscription, soit six francs par chaque exemplaire, aussitôt après réception franco dudit ouvrage.

A _____ le _____ 1876.

(2)

(1) Indiquer exactement le nombre d'exemplaires que désire le souscripteur.

(2) Signature du souscripteur.

| Affranchir avec Timbre de 25 centimes |

Monsieur

Monsieur Adolphe Jourdan,

Libraire-Éditeur,

4, Place du Gouvernement, 4.

ALGER.

ALGER. — TYPOGRAPHIE A. JOURDAN.

Monsieur,

Je me propose de publier sur l'un des Épisodes les plus émouvants et peut être les moins connus de l'histoire de la Restauration, **La Conspiration du général Berton** (CONSPIRATION DITE DE THOUARS ET SAUMUR), un travail qui ne peut manquer d'offrir un vif intérêt pour les habitants des départements des Deux-Sèvres, de Maine-et-Loire et de la Vienne, ainsi que pour les esprits éclairés de tous les pays qui désirent remonter aux sources vives de notre histoire, et ne juger les hommes et les choses d'une époque, que sur les documents même de cette époque.

J'ai trouvé dans ma famille, et recueilli moi-même après plusieurs années de patientes recherches, des documents nouveaux d'une rare importance historique et politique et qui sont de nature à jeter une grande lumière, non-seulement sur cette cause célèbre, mais encore sur la politique générale du gouvernement de Louis XVIII.

Moins connu que le Procès de Ney et des Quatre Sergents de la Rochelle, celui du général Berton est certes aussi lamentable.

J'ai tenu à honneur de venir plaider une dernière fois devant le Tribunal de l'Histoire, la cause de ce martyr de la liberté. J'apporte à l'appui, des documents nombreux et complètement inédits et notamment des correspondances du général Lafayette, de Manuel, de Benjamin Constant, de Jacques Laffite, du général Demarcay, du procureur général Mangin, des Ministres, Préfets, Magistrats de l'époque, etc., etc.

Il serait regrettable que ces documents fussent perdus pour l'histoire du pays. C'est dans le but de les sauver d'une dispersion fatale, que je fais appel à votre bienveillant concours, et que je viens aujourd'hui, vous demander de vouloir bien souscrire à leur publication, que je vais entreprendre.

Agréez, Monsieur, l'assurance de mes sentiments les plus distingués.

Honoré PONTOIS.

Alger. — Typographie A. JOURDAN.

LA CONSPIRATION

DU

GÉNÉRAL BERTON

(Affaire dite de Thouars et Saumur.)

1822

LA CONSPIRATION

DU

GÉNÉRAL BERTON

ÉTUDE POLITIQUE ET JUDICIAIRE SUR LA RESTAURATION

AVEC DE NOMBREUX DOCUMENTS INÉDITS

PAR

EUPHONORÉ PONTOIS

Juge d'instruction près le Tribunal d'Alger.

PARIS

E. DENTU, LIBRAIRE-ÉDITEUR

PALAIS-ROYAL, 13, GALERIE D'ORLÉANS

1877

Les événements de la conspiration du général Berton furent connus de moi dès l'enfance.

Né à Thouars, j'en eus l'imagination vivement frappée, comme d'une légende locale, à un âge où l'on ne voit que le côté merveilleux des choses.

Toutes les fois que je passais sur la place Saint-Médard [1], les spectres des infortunés Saugé et Jaglin montant à l'échafaud se dressaient, le front ceint de l'auréole des martyrs, à mes regards effrayés. Et il en fut de même plus tard du spectre de Berton, quand je traversais la place du Pilori à Poitiers [2].

---

[1] Place publique de Thouars.
[2] Place publique de Poitiers où se faisaient autrefois les exécutions.

En me venant, les années ont remplacé la naïveté de cette impression première par une appréciation froide et raisonnée de la conduite des hommes qui en étaient l'objet; mais il m'est resté une certaine fierté d'être Thouarsais, lorsque je me dis qu'au milieu de l'asservissement de la France, il a suffi des mots magiques de *liberté* et de *patrie* pour soulever ma ville natale.

C'est sur la terre d'Afrique que j'ai écrit ce récit, qui a ranimé dans mon cœur, avec les émotions de mon enfance, l'amour de la métropole.

J'ai eu pour guide dans cette tâche délicate un homme auquel son renom de talent et de probité a survécu et survivra en Poitou.

M. Charles Pontois, mon oncle, s'est trouvé mêlé à cette grande lutte; il défendit plusieurs des accusés dans le procès Berton, et fut à même de recueillir des renseignements précieux sur cette mémorable affaire. Ancien secrétaire de Manuel, ami de d'Argenson, du général Demarçay et de La Fayette, il a été mieux placé que qui que ce soit pour bien juger les événements de cette époque. Ce sont les matériaux assemblés par lui qu'il m'a été donné de grouper et de mettre en ordre.

Ma plume, formée à son école, est une plume sincère et toute dévouée à la cause de la justice et de la liberté.

C'est à la mémoire vénérée de cet homme de bien, qu'anima pendant toute sa vie le plus ardent patriotisme, que je dédie ces pages, qui sont plus encore son œuvre que la mienne.

Alger, 12 août 1875.

Honoré PONTOIS,

Juge d'instruction près le tribunal de première instance d'Alger, ancien rédacteur au ministère de la justice.

1.

ÉTAT DE L'OPINION PUBLIQUE EN FRANCE EN 1822.

> « Le peuple ne se révolte pas quand il veut.
> » L'eau qui remplit un vase ne se répand point
> » encore... Il faut une goutte de trop. »
> (DUPATY, *Lettres sur l'Italie*.)

Dans les temps de discordes civiles, rien n'est aussi difficile à connaître que la vérité, et c'est principalement dans les procès politiques qu'elle se trouve exposée aux mutilations.

La répression des crimes d'État supposant toujours que la force est du côté du parti qui juge, les faits sont incriminés en raison même du danger qu'ils ont fait courir : la peur s'associe à la haine pour provoquer des condamnations; et, dès lors, il n'est pas surprenant que le pouvoir qui s'est senti assez fort pour légaliser ses vengeances se croie en droit d'imposer silence aux victimes.

Cependant une consolation restera toujours aux partis vaincus : c'est celle de compter leurs morts et de faire entendre sur eux des paroles de paix et de modération, quand l'heure de la justice aura sonné.

Il est du caractère d'une bonne législation de marquer du sceau de la réprobation les individus rebelles aux lois, mais à la condition qu'on conservera dans la répression une impartialité absolue et que les magistrats se placeront toujours au-dessus des agitations des partis. L'histoire est là pour attester que les sentiments populaires sont en faveur de la résistance à l'oppression, et qu'au lieu de faire des réprouvés, les proscriptions ne produisent que des martyrs ! L'autorité, en menaçant une opinion politique, excite à la manifester tous ceux dont l'esprit et le cœur a quelque valeur.

L'opprobre que l'on veut faire retomber sur le délinquant se change en indignation contre la loi qui punit le délit à l'égal des plus grands crimes, et qui frappe un Berton comme s'il était un Ravaillac ou un Louvel.

Lorsqu'on parcourt l'histoire de la Restauration, on est frappé des nombreuses injustices qui furent le résultat de poursuites, sinon arbitraires, du moins singulièrement odieuses en raison des circonstances dont on les enveloppa.

Il y a une école politique déplorable qui fait taire tous les principes en invoquant la raison d'État.

C'est à cette école que nous devons les tribunaux révolutionnaires, les cours prévôtales, les lois martiales, les commissions mixtes.

Quand on nous fera toucher du doigt des machinations perfides se rattachant à des intrigues mystérieuses avec l'étranger; des trahisons ourdies dans l'ombre pour surexciter les passions sanguinaires; quand nous verrons l'armée prête à abandonner le gouvernement pour soutenir de ses armes les agitateurs, alors nous pourrons croire la patrie en danger; alors aussi nous pourrons nous persuader qu'il faut faire des exemples, et que la raison d'État commande de répandre le sang. Lorsqu'il s'agira du salut de tous, nous fermerons pour un temps le temple de la justice, nous voilerons momentanément la statue de la liberté, et nous nous livrerons les yeux fermés aux empiriques, qui affirment qu'à certaines époques il y a dans la vie des nations des moments de crise où des mesures extraordinaires sont indispensables pour sauver la patrie... Alors nous nommerons des dictateurs, comme Rome en nommait lorsque l'ennemi était à ses portes...; alors nous nous rappellerons que Pompée fut investi de tous les pouvoirs de la République, quand César passa le Rubicon..., et nous pourrons appliquer avec juste raison cette maxime mémorable d'un prince qui se figurait sauver la société et qui n'avait en vue que de sauver sa propre situation : *Je sors de la légalité pour rentrer dans le droit.*

La France pouvait-elle inspirer de semblables terreurs au gouvernement de la Restauration? Je ne le crois pas. Dira-t-on que la violence de l'opposition, en amenant le renversement de la dynastie, semble avoir justifié les mesures de rigueur prises

préventivement contre les perturbateurs?.. Erreur !..
La Restauration s'est noyée dans le sang qu'elle a fait inutilement couler. Ce ne sont pas les agressions des libéraux qui l'ont tuée : elle s'est effondrée sous les échafauds dressés par elle !

Le général Berton a commis une lourde faute ; mais on la lui a fait expier comme un crime !

La conspiration à laquelle son nom restera attaché était-elle le résultat de combinaisons ourdies par les membres d'un comité directeur? était-elle le fruit collectif des sociétés secrètes dites des *Carbonari* et des *Chevaliers de la liberté?* Ce sont là de difficiles problèmes à résoudre. Cependant une observation nous sera sans doute permise ici : au lieu de prêter à cet événement une origine extraordinaire ; au lieu d'avoir recours, pour l'expliquer, à de ténébreuses associations, ne serait-il pas plus simple et plus vrai d'en rechercher les causes dans des éléments plus voisins de la nature même des faits?

Avec un peu de bonne foi les gouvernements pourraient se convaincre que les systèmes politiques suivis par eux produisent des mécontentements, qui, en s'aigrissant, deviennent de l'animosité et conduisent insensiblement de l'hostilité latente à la sédition. Machiavel a dit avec juste raison que *là où les peuples sont contents, les conspirations sont impossibles.*

Il est donc nécessaire que nous fassions brièvement connaître l'état des esprits en France à l'époque de la Restauration, et que nous indiquions la situation morale des différents partis entre lesquels la lutte était engagée.

On donna au régime politique établi en France après la double chute de Napoléon Ier le nom de *Restauration*. On avait voulu renouer par ce mot l'ère nouvelle au passé, sans tenir compte de la Révolution et de l'Empire ; mais cette période devrait plutôt prendre dans l'histoire le nom de *contre-Révolution*.

C'était moins, en effet, les anciennes traditions que les hommes politiques d'alors cherchaient à rattacher au présent, que les conquêtes du peuple qu'ils entendaient battre en brèche et anéantir. Le culte des dynasties passées avait peu de consistance au fond de leurs cœurs ; ils obéissaient avant tout à un désir immodéré de vengeance..., et, l'œil fixé sur Robespierre bien plus que sur Louis XVI, ils voulaient une éclatante revanche pour les sanglantes exécutions subies par leur parti pendant la Terreur.

Il importe de remarquer que Louis XVIII s'était fait une idée très-nette de la situation ; et, si ses actes ne furent pas d'accord avec ses paroles, on n'en doit pas moins enregistrer celles-ci, qui témoignent de quelques bonnes intentions : « *Union et oubli ; après les discordes civiles il faut se pardonner réciproquement ses torts et vivre en bonne intelligence* [1]. »

Paroles sages, qui font honneur au tact de

---

[1] *Mémoires d'une femme de qualité.* (Paris, 1829.)

l'homme d'État, mais qui demeurèrent lettre morte pour ses ministres et ses courtisans.

En effet, le 24 juillet 1815, dix-neuf généraux étaient renvoyés devant des conseils de guerre. Le général Brune était assassiné à Avignon, et le général Ramel massacré à Toulouse. A Bordeaux, les frères Faucher, anciens généraux des armées républicaines, étaient condamnés à mort ; à Paris, La Bédoyère était fusillé, Lavalette était condamné à la peine capitale [1], et Ney passé par les armes, malgré son glorieux passé de soldat.

Après ces mesures violentes, vinrent l'épuration des fonctionnaires, la loi des suspects..., les cours prévôtales et l'envahissement général de la France par la Congrégation [2].

A Grenoble, une conspiration bonapartiste, éclose dans la nuit du 4 au 5 mai 1816, se termina par l'exécution de seize des conspirateurs et de leur chef, Didier.

---

[1] « Mme de Lavalette s'étant introduite aux Tuileries, malgré la consigne, pour sauver son mari, se jeta aux pieds du roi. Le roi, avec fermeté, lui répondit : « Madame, je prends part à votre » juste douleur, mais j'ai des devoirs qui me sont imposés, et » je ne puis me dispenser de les remplir..... » Et il passa. Un symptôme de l'esprit passionné du temps, c'est qu'après ces paroles, les gardes du corps s'abandonnèrent à l'inconvenance de proférer en cette circonstance des cris de *vive le roi!* qui avaient quelque chose de féroce et sentaient le cannibale. » (*Mémoires du duc de Raguse.*)

[2] « Ce n'est pas, comme on le disait naguère à cette tribune, la démocratie qui est à craindre en ce moment ; ce n'est pas elle qui menace de tout envahir ; ce qui nous menace, c'est le jésuitisme qui coule à pleins bords dans toutes les branches de l'administration et qui finira par nous engloutir. » (Explosions de murmures à droite ; nouveaux bravos à gauche.) — Discours de Casimir Périer à la Chambre des députés, le 15 février 1823.

Au mois de juin 1816, trois malheureux ouvriers qui avaient distribué des cartes de ralliement étaient exécutés à Paris.

Cette même année, dix généraux furent condamnés à mort par contumace. De plus, les généraux Debelle, Travot et Grayer furent condamnés à mort. Le général Bonnaire fut déporté. On fusillait les généraux Charton et Mouton-Duvernet et le colonel Boyer de Peyreleu.

Au Lude, quatre hommes furent exécutés pour avoir désarmé un paysan royaliste ; à Montpellier, cinq gardes nationaux ayant dispersé un attroupement royaliste, montaient sur l'échafaud ; à Nîmes, à la suite d'un conflit entre libéraux et royalistes, cinq personnes, dont deux femmes et deux vieillards, eurent la tête tranchée ; à Carcassonne, on exécutait trois détenus politiques qui avaient tenté de s'évader.

En 1817, la cour prévôtale de Lyon, à la suite d'une insurrection sans importance, prononçait vingt-huit condamnations à mort.

Puis vinrent les conspirations de Belfort, de la Rochelle, et enfin celle dite de Thouars et Saumur, dont le chef fut Berton.

Le pays était terrifié par la guillotine [1] ! La France

---

[1] Tableau des exécutions à mort prononcées en matière politique pendant l'année 1822 :

Sirjean, sous officier, fusillé à Tours ; Vallée, capitaine en retraite, guillotiné à Toulon le 4 mai ; Maillard (Adolphe), ex-adjudant de la garde, fusillé à Bayonne le 17 août ; Caron, lieutenant-colonel en retraite, fusillé à Strasbourg le 1er octobre ;

gémissait encore sous le coup des humiliations de l'invasion étrangère ; l'irritation débordait dans l'armée, dont on avait fusillé les chefs les plus glorieux et dont tant de braves officiers avaient été exclus pour faire place aux soldats de Coblentz, appelés à remplir les plus hauts grades, sans avoir jamais servi... autrement que contre la France !

Ainsi s'expliquent les nombreuses conspirations de cette triste époque, « *où l'on voyait réunis, par un scandaleux assemblage, les serviteurs fanatiques du despotisme impérial et les partisans non moins fanatiques de la démocratie révolutionnaire* [1]. »

La Fayette, le grand agitateur de la Restauration, repoussait le concours des hommes de l'Empire ; Manuel, au contraire, esprit plus positif, était persuadé qu'on ne pouvait rien tenter de sérieux sans le concours de ces vieux soldats, irrités de nos défaites,

BERTON, maréchal de camp, guillotiné à Poitiers le 5 octobre, SAUGÉ, propriétaire, et JAGLIN, ancien militaire, guillotinés à Thouars le 7 octobre. (CAFFÉ, ancien chirurgien-major, qui devait être exécuté à Poitiers le même jour que BERTON, se suicida dans sa prison.)

BORIES, POMMIER, RAOULX, GOUBIN, sous-officiers au 45e de ligne, dits *les quatre sergents de la Rochelle*, guillotinés à Paris le 20 septembre, à cinq heures du soir, le jour même d'un grand bal aux Tuileries.

On fit à ce sujet le distique suivant :

Pour Louis quel beau jour !
On égorge à la Grève et l'on danse à la cour.

ROGER, écuyer à Metz; DURET, BAUDRILLET, d'Orléans; FRADIN, de Thouars; SÉNÉCHAULT, de Thenezay, condamnés à mort, eurent leur peine commuée.

A Poitiers, onze condamnations à mort par contumace furent prononcées, et sept à Colmar.

[1] Discours de M. de Vieil-Castel lors de sa réception à l'Académie française, le 29 novembre 1873.

et qui, chassés de l'armée, n'étaient préoccupés que de manifester leur haine contre l'invasion étrangère et contre les princes ramenés par elle.

L'Empereur, s'entretenant un jour avec Benjamin Constant de son retour de l'île d'Elbe, disait avec raison : « *Je suis venu sans intelligence, sans concert, sans préparation aucune, tenant en main les journaux de Paris et le discours de M. Ferrand. Lorsque j'ai vu ce que l'on écrivait sur l'armée et les biens nationaux, sur la ligne droite et la ligne courbe, je me suis dit : la France est à moi* [1]. »

L'Empereur avait raison ; sa principale force résidait dans les fautes du gouvernement de la Restauration et dans le zèle inepte des conseillers de Louis XVIII.

La Restauration a succombé parce qu'elle a voulu faire avant tout de la contre-révolution. La terreur blanche n'a été qu'un inutile et cruel moyen de gouvernement. Il y a des courants dans lesquels on se noie forcément lorsqu'on cherche à remonter vers le passé, et la liberté est une enclume sur laquelle viennent se briser tous les marteaux du despotisme !

Les plus exaltés, dans cette œuvre de haine, furent ces émigrés qui avaient déserté la défense de leur roi, qui l'avaient abandonné au jour des grands périls et qui, n'osant avouer l'énormité de cette faute politique, voulaient, sous prétexte de restaurer un trône qu'il n'aurait tenu qu'à eux de mieux soutenir,

---

[1] Benjamin Constant, *Mémoires sur les Cent-Jours.*

exercer leurs vengeances privées, recouvrer leurs privilèges et rentrer en possession de leurs patrimoines.

Nous retrouvons, sous la Restauration, et animés du même esprit *patriotique* qu'en 1792, ces royalistes qui affichaient hautement l'espérance de voir les Prussiens venir jusqu'à Paris pour y châtier les auteurs de la Révolution, et qui, par les manifestations d'une joie indécente, furent une des principales causes des massacres de septembre !

Louis XVIII, malgré sa remarquable intelligence, ne sut pas résister à la pression de son entourage (I). Il avait conscience du mal, et cependant il le laissait faire.

Malgré la bienveillance qu'il avait dans le cœur, il resta froid spectateur des hécatombes sanglantes de son règne, et n'eut jamais un bon mouvement pour arracher une victime des mains du bourreau. Égoïste et sceptique, il faisait des bons mots pour se venger des courtisans qui le conduisaient à l'abîme : « *Avec l'argent que me coûtent ceux qui m'adorent, j'aurais acheté dix fois ceux qui me haïssent !* » disait-il un jour en plaisantant. Et cela était vrai.

Sans doute, la Révolution fut effrayante quand, dans son cours impétueux, elle ébranla, entraîna, broya les hommes et les choses, les citoyens, les rois, les institutions sociales, la religion.

Dans ce choc terrible, les masses, pleines de convoitises inassouvies, vinrent se ruer sur d'autres masses pleines d'égoïsme. Mais enfin son but était grand : elle tendait au bonheur du plus grand nombre, et, malgré de déplorables excès, nous devons la bénir; car elle portait dans ses flans la régénération du monde social.

Lorsque la religion chrétienne commençait à s'établir, soutenue par la sublime résignation de ses martyrs, pouvait-on prévoir que cette religion toute de paix, de concorde et d'amour, deviendrait le signal des plus odieux massacres ! et cependant qui jamais a, de bonne foi, opposé à la religion les croisades, la Saint-Barthélemy, la guerre des Albigeois, l'inquisition, les dragonnades ? Qui a jamais attribué aux principes de l'Évangile les horreurs qu'on a commises en son nom ?

Il ne faut jamais juger des choses par les abus qu'elles entraînent.

La Révolution française, comme tous les grands cataclysmes humains, a eu ses beautés et ses horreurs; mais nous devons lui être reconnaissants d'avoir révélé au monde social l'égalité des droits, la liberté civile et politique, la liberté individuelle, l'inviolabilité des propriétés, la liberté de penser, de parler et d'écrire, enfin la tolérance religieuse et la souveraineté du peuple.

Certes, ces principes, loin d'être désorganisateurs de la société, ni subversifs de la morale, de la religion et du trône, pouvaient en être les plus fermes appuis.

En flétrissant les moyens dont s'est servi la Restauration, pouvons-nous, comme pour la Révolution, admirer son but?... Non. Cette Restauration du passé, par la force et la ruse, ne pouvait aboutir qu'au rétablissement des abus qui, une première fois déjà, avaient amené la grande catastrophe sociale de la Révolution.

La résistance étant vive, la violence et l'injustice furent plus fortes encore. Quand Marius rentra dans Rome, il fit cruellement expier aux Romains les triomphes de Sylla !

Lorsque Robespierre versait à flots le sang de la vieille noblesse française, c'était moins pour satisfaire des haines mesquines et personnelles que pour venger les injures séculaires du tiers état.

Louis XVIII couvrit la France d'échafauds, pour rester sur le trône même contre la volonté de ses sujets, auxquels il avait été imposé par l'étranger.

J'avoue donc que je n'éprouve aucun scrupule en plaçant sur la même ligne les cours prévôtales et les tribunaux révolutionnaires, et en disant, au nombre près de victimes sacrifiées, que Mangin est tout à fait de l'école de Fouquier-Tinville !

En entreprenant cette étude, il n'a pu venir à ma pensée de songer à glorifier les conspirateurs ; j'ai voulu seulement expliquer les causes qui ont jeté hors des voies légales des hommes éclairés, honnêtes et pleins de patriotisme, tels que Berton.

Il n'est pas surprenant qu'une nation qui a fait l'essai de nombreuses constitutions politiques, et qui n'a pu se reposer longtemps dans aucune, conserve une défiance marquée contre tout changement de gouvernement. On s'explique également comment cette défiance a été de tout temps plus prononcée contre la constitution républicaine, cause des plus sanglants conflits.

Le parti conservateur s'est toujours fait en France une fausse idée de la République : il s'est figuré, à tort, qu'elle ne pouvait s'établir qu'à l'aide des proscriptions et se soutenir que par les échafauds.

De ce qu'à plusieurs reprises les efforts tentés pour son établissement n'ont pas abouti, s'ensuit-il qu'ils ne pourront jamais réussir? De ce qu'une institution désirable n'a pu s'établir à telle ou telle époque, peut-on en conclure que l'avenir ne la réalisera pas?

La France a passé par les Robespierre et les Napoléon; mais Louis XVIII et Charles X lui ont-ils donné le repos?

Il faut tenir compte aux révolutions des difficultés qu'elles éprouvent pour l'établissement de leurs principes. Les circonstances au milieu desquelles elles se produisent, les hommes sur lesquels elles agissent, ont la plus grande influence sur leur marche.

C'est une femme de génie qui la première a exprimé cette idée : « *La Révolution ne s'est pas opérée en 1789; elle n'est pas sortie spontanément et armée de toutes pièces du cerveau de Jean-Jacques Rousseau, de Voltaire et de Mirabeau : des siècles l'ont portée dans leur sein : 89 l'a vue naître* [1] *!* »

---

[1] Mme de Staël.

Les principes révolutionnaires se sont d'abord annoncés comme des amis ; ils parlaient au cœur de tous les hommes ; ils enseignaient les droits de chacun ; ils prescrivaient à tous les devoirs à remplir. On peut dire que la Révolution fut sympathique à tout ce que la nature humaine renfermait de sentiments grands et généreux. C'est le propre des doctrines robustes de trouver de l'écho dans tous les cœurs et de se répandre partout avec la rapidité de la lumière.

Abandonnée sans résistance à son impulsion régénératrice, la Révolution eût creusé son lit, et la France, progressivement transformée, n'aurait eu à subir ni les violences employées par la Convention, ni les folies conquérantes de l'Empire.

Au lieu d'accepter de ce lourd héritage les idées saines et généreuses, la Restauration commença par tout méconnaître et voulut tout flétrir, les hommes et les principes !

Une partie de la nation voulait reprendre les anciens errements ; l'autre n'entendait à aucun prix renoncer aux institutions qui garantissaient son affranchissement.

C'est ainsi que s'ouvrit l'ère funeste des conspirations.

Les royalistes parlent bien haut des traditions providentielles sur lesquelles s'appuient les trônes ; mais qui d'entre eux a jamais voulu convenir que cette influence divine s'exerçait aussi parfois sur le monde, lorsqu'il s'agissait du droit des peuples !

Chaque époque de l'histoire a sa physionomie; les événements qui ont changé le monde depuis l'invasion des Barbares jusqu'à la Révolution Française portent tous un caractère qui les distingue dans l'éternelle succession des temps. La fermentation des peuples, à l'époque des croisades, n'est plus la même que celle qui souleva l'Europe au temps de la réforme !

Sous la Restauration, le besoin de stabilité dans les conquêtes de la Révolution était aussi fortement ressenti par les masses que l'était, en 1789, le désir d'en finir avec la monarchie absolue (II).

En présence d'obstacles sans cesse renaissants, faut-il s'étonner des combats livrés pour le maintien des conquêtes libérales ?

Glorieuse folie que celle de ces hommes de conviction qui, ayant entouré le berceau de la liberté, ont voulu la défendre plus tard contre les plus injustes attaques, et qui se sont insurgés contre ceux qui voulaient asservir la nation !

Il est certain que chaque peuple possède des qualités spéciales qui ne s'effacent jamais, et qui reparaissent dans toutes les phases de son histoire.

Les Francs de Clovis sont bien les ancêtres des soldats de Bonaparte !

Quant aux qualités qui se rattachent aux institutions d'un peuple, elles se modifient davantage.

L'homme à l'état social éprouve le besoin invincible de l'innovation et le sentiment de la perfectibilité de tout ce qui l'entoure. De nouveaux intérêts surgissent, lesquels nécessitent de nouvelles combinaisons ; et à mesure que les peuples avancent dans la civilisation, ils se dépouillent des traditions surannées pour revêtir des formes nouvelles.

La Restauration, au lieu de se rattacher aux institutions qui embrassaient la plus grande masse d'intérêts présents ; au lieu de se tracer un cadre assez vaste pour que les nouveaux besoins pussent y trouver place, au lieu de se laisser aller aux impulsions nouvelles, voulut enfermer la France dans un cercle de fer ; elle ne se préoccupa que des petits intérêts de ses courtisans et crut que l'exemple de supplices multipliés influerait sur les convictions... Aussi ce trône si solide, au dire de ceux qui l'avaient relevé, s'est-il écroulé au premier souffle des colères du peuple.

La surexcitation des esprits était alors poussée à un tel point, que certains journaux royalistes eurent l'inconvenance de traiter de *forçats* tous les députés libéraux [1].

L'histoire dira que les agitations qui tourmentent la France depuis tant d'années sont principalement le résultat des résistances opposées sans cesse par des intérêts factices et passés, à des intérêts réels et présents, et elle flétrira, comme elles le méritent, les intrigues et les violences de la Restauration.

---

[1] On publia un avis émané soi-disant de Berton, engageant les forçats libérés et libéraux à se rendre à Saumur, après s'être fait délivrer une feuille de route par M. de La Fayette. « On s'attend, si cet avis produit de l'effet sur les honnêtes gens à qui il s'adresse, à voir la Chambre perdre quatre-vingt-dix de ses membres. »

II.

LA CONSPIRATION.

> « Quand le peuple est en agitation, on ne
> » comprend pas par où le calme peut rentrer ;
> » et quand il est paisible, on ne voit pas par
> » où le calme peut en sortir. »
>
> (La Bruyère.)

Jean-Baptiste Berton naquit le 15 juin 1769, à Cullyer, département des Ardennes [1]. Issu d'une famille aisée de la bourgeoisie, il fut élevé à Brienne et termina ses études militaires à l'École d'artillerie de Châlons.

---

[1] La biographie de Berton, insérée dans l'*Annuaire nécrologique* de Mahul, année 1822 (Paris, Ponthieu, 1823), à laquelle j'ai emprunté divers renseignements, contient une double erreur au sujet de la date et du lieu de naissance de Berton, qu'elle fait naître à Francheval en 1774.

Il existe du reste une contradiction singulière dans les pièces de la procédure.

Interrogé, le 3 juin 1822, par M. le baron de Bernard, premier président de la Cour royale de Poitiers, remplissant les fonctions de juge d'instruction, le général déclara être né à Énilly (Ardennes); et, le 29 juillet suivant, il répondait à M. Parigot, président de la Cour d'assises qui l'interrogeait sur ce point, qu'il était né à Cullyer.

Je me suis tenu à cette dernière indication, qui, reproduite dans toutes les pièces de la procédure, m'a paru être la plus exacte.

Sous-lieutenant dans la légion des Ardennes en 1792, il prit part à tous les combats livrés par les armées de Sambre-et-Meuse. Attaché comme capitaine à l'état-major de Bernadotte, il se fit remarquer par sa bravoure au combat de Friedland.

Le maréchal Victor, en le présentant à l'Empereur, en 1808, après la bataille de Burgos, employa ces termes élogieux : « *C'est le premier chef d'escadron de mon corps d'armée pour la valeur et les talents : je demande pour lui un régiment.* »

Nommé chef d'état-major et placé sous les ordres de Sébastiani, il fit preuve de la plus grande valeur pendant toute la campagne d'Espagne. Blessé très-grièvement à Ocana, il s'empara de Malaga dont il fut fait gouverneur ; il remplit ces fonctions importantes avec sagesse et intégrité.

Le 30 juin 1813 il fut fait maréchal de camp [1].

Berton se tint toujours loin de la cour. C'était un soldat et non un courtisan. S'il ne reçut que peu de faveurs, en revanche il échappa à la corruption impériale et resta un des amis sincères de la liberté.

Il résumait en lui tout ce qu'il fallait pour attirer sur sa tête les disgrâces du gouvernement de la Restauration. C'était un vieux libéral, et de plus il avait servi Bonaparte... On s'empressa donc de le mettre en demi-solde.

Au retour de l'île d'Elbe, il reprit du service et se

---

[1] Berton était chevalier de la Légion-d'Honneur, chevalier de Saint-Louis et de l'Épée d'or de Suède.

distingua à Waterloo, où il commandait une brigade du corps Gérard.

Arrêté lors de la seconde Restauration et détenu sans jugement à l'Abbaye pendant près d'une année, on finit par le rayer des contrôles de l'armée. Non-seulement on brisa son épée, mais encore on le soumit à une surveillance de police incessante [1].

Au mois de septembre 1820, un mandat d'amener fut de nouveau lancé contre lui, sans motif plausible; mais Berton prit la fuite, et parvint à se soustraire aux recherches de la police.

Aucune vexation, aucune injustice ne lui fut épargnée! est-il surprenant que, fatigué de son oisiveté, il se soit lancé dans les conspirations qui surgissaient de tous côtés, et qu'il ait mis son courage et ses talents militaires au service des ennemis de la Restauration!

Les royalistes ont voulu faire passer Berton pour un fanatique. Il l'était si peu qu'il faisait élever ses enfants en province, parce qu'il craignait qu'à Paris ils ne se formassent trop jeunes des opinions politiques (III).

On a prétendu, et c'est un préjugé encore répandu en Poitou, que Berton voulait le rétablissement de la dynastie impériale. Toutes ses paroles et tous ses actes prouvent, au contraire, son amour de la liberté.

Alix était bonapartiste (IV), mais, avant tout,

---

[1] Berton publia à cette occasion, en 1820, un pamphlet très-violent contre M. Mounier, alors directeur général de la police.

Berton était un adversaire décidé des Bourbons, et n'avait d'autre souci que celui de signaler sa haine contre eux, et de se venger des persécutions dont on l'avait rendu victime.

Le 28 mars 1822, le général Foy, dans un mouvement de légitime indignation, s'écria à la tribune : « *Ni en 1814, ni en 1815, il n'y avait rien de particulier à l'égard de Berton. On ne trouvera pas un seul mot contre lui au ministère de la guerre... et cependant, à la fin de 1815, on l'arrête, on l'emprisonne. Mis en liberté après une année de détention, on l'arrête encore, puis on le relâche. On l'emprisonne ainsi tous les six mois. Enfin on lui ôte sa solde. Comment voulez-vous, en semant ainsi l'arbitraire, ne pas recueillir la révolte ?* »

Ce fut le 24 février 1822 que la conspiration de Thouars éclata.

Si l'on doit en croire une lettre de Chauvet, l'un des condamnés contumaces [1], les premiers plans en auraient été conçus et tracés dans la maison même de ce particulier. Selon lui, un certain nombre d'habitants de Saumur, parmi lesquels figuraient Grandmenil, médecin aux Rosiers, Caffé, médecin à Saumur, Gauchais, ancien chef de bataillon, alarmés des envahissements journaliers de l'aristocratie, se seraient, à diverses reprises, entretenus des moyens de mettre un frein à cette usurpation menaçante. Ils seraient convenus de former une association sous le

---

[1] Cette lettre est datée de Londres du 12 septembre 1822, et porte le timbre de l'Angleterre.

nom de *Chevaliers de la liberté*, et, pour donner à leur société plus d'importance, ils y auraient rattaché les noms des membres les plus influents du côté gauche de la Chambre des députés, attendu que certains noms exercent toujours un grand prestige sur les masses. Le cardinal de Retz, qui se connaissait en mouvements populaires, a dit avec raison que *les grands noms étaient toujours de grandes raisons aux petits génies*. Aussi ces mécontents firent-ils de nombreux prosélytes tant à Saumur que dans les villes environnantes, et notamment à Thouars et à Parthenay.

L'irritation causée par la marche tortueuse du gouvernement devenant chaque jour plus accentuée, le 12 février fut fixé par l'association pour l'exécution d'un mouvement. Quelques-uns des conjurés pensèrent alors que si un personnage connu par ses talents militaires n'était pas mis à leur tête, la confiance qu'ils avaient eux-mêmes dans leur entreprise passerait difficilement dans l'esprit de ceux des habitants sur lesquels ils pouvaient compter. Il fut dès lors résolu qu'on ferait des propositions à un ancien officier général de l'armée. Le général Pajol avait été d'abord désigné, mais le choix finit par se porter sur Berton. Grandmenil fut dépêché vers lui, pour le déterminer à se rendre aux vœux de la Société. Il trouva Berton au moment où celui-ci se disposait à aller voir son fils en garnison à Pontivy; il n'eut qu'une chose à lui dire pour le décider : que le bien de la France réclamait sa présence à Saumur.

Berton arriva chez Chauvet le 19 février. On lui fit connaître les statuts de la Société et le but du mouvement que l'on voulait opérer.

Le général répondit qu'il acceptait, sous la condition qu'*il ne serait pas tiré un seul coup de fusil, même en cas de résistance ; qu'il était louable de vouloir arracher sa patrie à l'esclavage, mais qu'il fallait surtout éviter l'anarchie.*

Berton fit à ce sujet une profession de foi des plus énergiques, déclarant qu'il n'entrerait jamais dans un complot dont le but serait de bouleverser son pays et d'y exciter la guerre civile, et que, *si demander le maintien de ce qui existe était un devoir, changer la forme du gouvernement serait un crime que rien ne pourrait excuser.* Il ajouta qu'au surplus *il préférait l'esclavage à la liberté qu'il faudrait sceller par du sang français.*

Tel est le récit fait par l'un des initiés de la conspiration. Si cette version n'est pas la vérité même, elle a du moins le mérite de n'être en aucune façon contredite par les débats du procès.

Elle se trouve également en parfaite harmonie avec le caractère qu'a déployé le général Berton depuis l'origine de cette affaire jusqu'à son tragique dénouement. Elle explique en même temps l'esprit de douceur et de modération qui a présidé à tous les ordres qu'il a donnés, à toutes les démarches qu'il a faites[1].

---

[1] La Charte était violée, la Charte que son auteur lui-même avait confiée comme un dépôt sacré à la fidélité et au courage de

Elle donne surtout la clef de ce mot qui, sans cela, paraîtrait inexplicable dans sa bouche : que, *lors même qu'il ne serait pas allé à Thouars, le mouvement se serait opéré sans lui ;* qu'il ne donnait pas les ordres, qu'il les recevait lui-même, qu'il était seulement chargé d'en opérer l'exécution [1], *et qu'il avait été entraîné*.

La version du ministère public, au contraire, auquel il fallait plus ou moins de surnaturel et de mystérieux, a consisté à dire que depuis longtemps une association criminelle dite des *Chevaliers de la liberté* ou *Carbonari* (car, dans l'origine, l'autorité, encore mal informée, confondait ces deux sociétés) avait été organisée pour renverser le gouvernement du roi, exciter les citoyens à s'armer contre l'autorité royale et allumer la guerre civile ; que cette Société n'agissait que par les impulsions d'un *comité directeur* siégeant à Paris, dont les membres furent désignés, et que Berton avait été expédié de Paris dès que le comité avait jugé les mesures insurrectionnelles suffisamment concertées.

Quoi qu'il en soit, un fait qui n'a pas été contesté, c'est que le général Berton est parti de Paris le 4 janvier 1822, à trois heures de l'après-midi, avec une feuille de route en date du 26 novembre précédent, pour aller voir à Pontivy (Morbihan) l'un de ses fils alors lieutenant dans le 2ᵉ régiment de dragons, dits

---

l'armée, des gardes nationales et de tous les citoyens. (Loi du 15 mars 1815.) Or c'était pour en demander le maintien et pour en garantir l'observation que le mouvement devait s'opérer.

[1] Interrogatoire de Berton, séance du 27 août 1822.

les dragons du Doubs. Au lieu de s'y rendre directement, il alla à Brest, où il arriva le 10 janvier. Il a déclaré, dans l'interrogatoire que lui fit subir le premier président de la Cour de Poitiers le 23 juin, que le motif de son voyage était de retirer de chez un sieur Dubois, négociant à Brest, une somme de 2,000 francs qu'il avait avancée pour le compte de ce négociant à un sieur Bertheaume, qui devait s'embarquer pour Lima.

A Brest, le général Berton eut une entrevue avec le colonel Alix, qui lui-même était parti de cette dernière ville le 8, mais qui y était revenu précipitamment le 11, parce que, a-t-il dit aux débats [1], il avait appris à Rennes que le complot de Belfort avait éclaté, que Paris était rempli de troubles et qu'il craignait que ces événements n'influassent sur le départ pour Buénos-Ayres du navire d'un négociant de Brest avec lequel il était en relations d'affaires.

Alix, jeune, beau, plein d'esprit et de loyauté, doué de toutes les qualités qui distinguent les militaires français qui ont reçu une brillante éducation, avait été rattaché à toutes les conspirations. Il a été représenté comme le grand courtier des complots du comité directeur. Il n'a figuré dans le procès Berton que par suite de la découverte de quelques notes insignifiantes dans ses papiers (V). Si Berton avait été pris dès l'origine, Alix n'eût pas été mis en accu-

---

[1] Séance du 28 août.

sation [1]. Fort de son innocence, il eut, pendant tout le cours de l'instruction, une attitude hautaine, et il écrivit aux magistrats avec un ton de raideur qu'emploient difficilement ceux qui peuvent avoir quelque chose à se reprocher (VI).

A part ce voyage de Brest, on ne retrouve pas ailleurs sa trace dans cette conspiration.

Ce fut également à Brest que Berton eut connaissance du complot de Belfort. S'apercevant que les autorités locales prenaient des mesures sévères, et appréhendant que sa présence à Brest n'éveillât les soupçons, il partit de cette ville le 15 janvier, se rendit à Quimper, puis à Rennes, où il arriva le 18 ou le 19 et où il séjourna vingt-six à vingt-sept jours [2].

A cette époque, le complot de Delon et de Sirjean avait aussi été découvert ; il était même sur le point d'être jugé. Berton fut averti que son nom avait été relaté dans la procédure qui s'instruisait à Tours contre ces deux officiers. Pour éviter d'être impliqué dans cette affaire, à laquelle il était totalement étranger, il résolut de s'embarquer à Bordeaux et de passer en Espagne, où sa présence était réclamée par des affaires de famille. Il était en effet porteur d'une lettre de recommandation pour M. de Laval-Montmorency, ministre de France à Madrid.

---

[1] M. le baron de Bernard, premier président, chargé de l'instruction, en parlant d'Alix, avait dit : « Il n'y a rien contre cet homme ; mais *il nous faut bien quelqu'un pour mettre à la tête de cette conspiration.* »

[2] Interrogatoire de Berton du 23 juin 1822.

Ce fut à Rennes que les chevaliers de la liberté le rencontrèrent. Grandmenil, ainsi qu'on l'a vu par le récit de Chauvet, vint le prendre pour le conduire à Saumur, où il arriva le 18 ou le 19 février.

Il fut d'abord présenté à Gauchais, puis à Chauvet. Le lendemain de son arrivée, il déjeuna avec les principaux initiés au complot, et fut ensuite installé dans la maison de Caffé.

Caffé, cet homme si intéressant par sa délicatesse et sa bienfaisance; Caffé, qui n'était connu à Saumur que sous le nom de *médecin des pauvres* et qui avait donné tant de fois, dans les combats, des preuves de son courage, avait reçu la croix de la Légion-d'Honneur pour avoir délivré un convoi de blessés français assailli par des Espagnols; cet homme qui, depuis, s'est soustrait par une mort volontaire à ce qu'il regardait comme la honte de l'échafaud, crut-il, en conduisant Berton chez lui, ne donner asile qu'à un ami de Chauvet du nom de *Jollivet*, et n'admettre qu'un pensionnaire malade? Voilà ce qui ne paraît pas très-croyable! Il est bien vrai que Berton était porteur d'un faux passeport délivré au nom de *Jollivet*, mais ce général a toujours soutenu qu'il avait été présenté à Caffé sous son véritable nom; et il faut le dire, Berton, dans toute cette affaire, a montré une telle insouciance de la mort et un tel respect pour la vérité, que l'on doit croire qu'il fut reçu par Caffé sous son vrai nom.

Il est très-difficile d'admettre que Caffé n'ait pas eu une connaissance exacte du mouvement projeté.

Ancien militaire, son imagination ardente s'exaltait aux mots de *liberté* et de *patrie*. Comment n'aurait-il pas saisi avec empressement l'occasion de servir l'une et l'autre? Pendant le séjour de Berton chez lui, il paraîtrait que sa maison fut fréquentée par les personnes des environs de Saumur qui prirent une part active à l'insurrection ; mais ce fait n'est pas établi d'une manière certaine, la seule source où l'accusation ait pu puiser ses renseignements consistant dans une déposition faite par la femme Boucher, domestique de Caffé, déposition immorale au premier chef (VII)[1]. Ce serait ainsi que Beaufils, Coudray, Heureux, Cossin, Chappey et Ferrail vinrent chez lui à des époques très-rapprochées de l'exécution du complot (VIII).

Il est probable que ce fut également dans sa demeure que l'on fixa le jour où elle aurait lieu. Le 24 février fut choisi, parce que c'était un dimanche et que l'on comptait sur la coopération des habitants de la campagne, rassemblés ce jour-là dans leurs diverses communes : ainsi qu'on le verra, cette attente fut trompée.

Berton quitta Saumur dans la nuit du 20 février et arriva à Thouars le 21 au matin. Gauchais l'accompagnait et le présenta à Saugé.

Saugé était un de ces hommes tels que la Révolution en a beaucoup produits, qui, privés des bien-

---

[1] Audience du 29 août. Nous donnons aux PIÈCES JUSTIFICATIVES les deux dépositions écrites de ce témoin.

faits de l'éducation, ont néanmoins trouvé dans les événements des occasions fréquentes de faire l'application des ressources de leur esprit naturel. Il avait acquis par là une pratique de la vie sociale et une influence politique que sa position dans le monde semblait devoir lui refuser. Depuis longtemps il était, à Thouars, sinon le point de ralliement des mécontents, du moins l'homme auquel ils confiaient le plus volontiers leurs plaintes et leurs projets.

Ancien huissier, il avait, dans cette profession, amassé une fortune assez considérable qui lui permettait de vivre indépendant. Sorti du peuple, son influence sur les classes inférieures était des plus actives et des plus énergiques. D'un caractère inflexible et d'une certaine finesse d'esprit, sa conduite privée, ainsi que ses opinions politiques, lui avaient suscité beaucoup d'ennemis qui se sont cruellement vengés à la dernière heure des petites humiliations que, durant sa vie, il avait pu leur faire éprouver [1].

Cependant on ne put prouver au procès que peu de chose contre lui. Il fut seulement établi, qu'après avoir reçu Berton, qui lui fut présenté par Gauchais, comme étant un ami de ce dernier et sous le nom de *Dubois*, il le logea du 21 au 24 février ; qu'il reçut, mais sans l'ouvrir, une boîte contenant l'uniforme

---

[1] Voir (séance du 31 août 1822) les dépositions de Mairet, de Guilbaut et de La Ville-Baugé dans le compte rendu des débats de Catineau et de Barbier.

du général, et enfin qu'il lui donna à déjeuner le jour où l'insurrection éclata.

Ces faits, d'une importance bien peu considérable, ont suffi pour faire tomber la tête du malheureux Saugé.

A peine l'arrivée de Berton fut-elle connue à Thouars, que Pombas, ex-lieutenant en demi-solde, alors commandant de la garde nationale de cette ville, vint le trouver pour se mettre à sa disposition.

C'était un homme d'un mérite très-ordinaire; mais, dans la circonstance, il donna la preuve que, pour opérer des révolutions, celui, même sans talents, qui agit, en favorise plus la réussite que ceux d'une capacité supérieure qui délibèrent.

C'est à la prodigieuse activité de Pombas et à la prudence de Rivereau, autre officier en demi-solde, et alors secrétaire de la mairie de Thouars, que fut dû l'élan de la population de cette ville dans la matinée du 24, et tout donne lieu de croire aujourd'hui que si ces deux hommes eussent été à la tête du mouvement, au lieu d'être en sous-ordre, l'entreprise eût sinon réussi, du moins été conduite à une catastrophe moins rapide.

Partout nous rencontrerons Pombas. Commandant de la garde nationale, c'est au nom du roi qu'il fait tout marcher. Ici il menace, là il persuade. C'est lui qui distribue les armes; c'est lui aussi qui ordonne et exécute les arrestations.

Berton, pendant toute la durée du mouvement,

n'a paru occupé que d'une chose : modérer le zèle de Pombas, ce qui équivalait à paralyser les résultats de son dévouement.

Avant d'en arriver aux événements du 24, jetons un coup d'œil rapide sur ce qui avait été fait dans le voisinage de Thouars, tant à Parthenay qu'à Thenezay, dans le but d'en préparer la marche.

A Parthenay, Moreau, ex-lieutenant de hussards, un de ces militaires à tête chaude, connus dans les régiments sous le nom de *sabreurs*, nourrissait depuis longtemps la haine la plus vive contre le gouvernement des Bourbons. Un grand nombre de démarches et de paroles imprudentes de sa part avaient attiré sur lui l'attention de l'autorité. Actif et entreprenant, ayant beaucoup de temps à dépenser depuis sa mise en demi-solde, il avait parcouru les campagnes, exalté les têtes et répandu dans la ville beaucoup de bruits en harmonie avec les espérances des mécontents. Il avait hâte de jouer un rôle et de changer sa position; cependant, Moreau ne jouissant pas d'une très-grande considération personnelle, il inspirait donc peu de confiance et ralliait peu de gens. Ce fut même un tort de s'en être reposé sur lui, relativement au contingent d'insurgés que Parthenay devait fournir.

En matière de conspiration, le grand art et en même temps la grande difficulté, c'est de bien choisir ses hommes. Ceux qui osent agir ont rarement la capacité nécessaire pour diriger; et quand par malheur c'est aux premiers que l'on s'en rapporte, on voit bien vite que, pour décider les hommes à compromettre leurs têtes, il faut que ceux qui les poussent aient à sacrifier, de plus qu'eux, une grande considération, de la fortune et des influences. On en fit, dans la circonstance, la triste expérience. Moreau devait amener à Berton trois cents hommes déterminés ; mais, au jour de l'exécution, la confiance qu'il inspirait fut si faible, qu'il ne put réunir que douze ou quinze individus.

Parmi ceux-ci se trouvaient trois hommes qui ont inspiré un vif intérêt : Fradin, Ledain et Ricque, les deux premiers médecins, le troisième chirurgien. Tous les trois, jeunes, appartenaient à de respectables familles qui jouissaient dans le pays d'une grande considération, tous les trois aussi d'une grande élévation de caractère, et pleins d'honneur, de générosité et de courage.

Longtemps avant le 24 février ils avaient eu de fréquentes relations avec Moreau. Sans donner à tous ses discours une aveugle confiance, ils recueillaient néanmoins de leurs entrevues avec lui les renseignements nécessaires sur la marche et les progrès de la conspiration.

A peine Moreau sut-il que Berton était à Thouars (et il l'apprit le 21) qu'il se rendit auprès de Pombas. Là, de concert avec Berton, il arrêta les dernières dispositions. Moreau, aussitôt après son entrevue, fit part à Fradin des ordres dont il était porteur. Il paraît même qu'il lui lut les proclamations qui, deux jours après, furent publiées sur la place de Thouars (mais ce point n'a pas été établi au cours des débats).

Fradin, à l'influence qu'il pouvait tenir de sa clientèle et de sa famille, joignait celle que lui donnait sa qualité d'adjoint au maire de Parthenay. Sa coopération était donc des plus importantes, car il pouvait, par sa position, déterminer de nombreux adhérents et amener cette contagion de l'exemple si utile en pareil cas.

Dès le 23, instruit par Moreau de l'arrivée du général Berton à Thouars, Fradin se transporta à la Forge-de-la-Peyratte, chez un sieur Dufresne, homme animé d'un vif amour des libertés publiques, et chez lequel se réunissaient depuis quelque temps les diverses personnes qui devaient prendre part au complot. Fradin était le médecin de la maison, et pouvait y aller fréquemment sans éveiller l'attention de l'autorité. Aussitôt son arrivée à la Forge, on dépêcha un messager à François Sénéchault, propriétaire à Thenezay et ancien greffier de la justice de paix.

Cet homme a, dans le procès, une physionomie toute particulière : sa bonne foi, voisine de la simplicité, a été, pendant toute la durée de la conspiration et des poursuites auxquelles elle a donné lieu, le mobile de ses actions et de ses paroles. Depuis longtemps, abusant de sa rustique bonhomie, on l'avait bercé de l'idée que, s'il n'était pas juge de paix de son canton, il ne devait l'attribuer qu'au gouvernement des Bourbons ; de sorte que, sans se rendre autrement compte de ses opinions politiques, il regarda comme le seul moyen de parvenir à cette modeste magistrature le renversement du gouvernement.

Quand la conspiration éclata, la première chose qu'il demanda fut sa place de juge de paix ; lorsqu'il fut inculpé, la seule chose qu'il dit avoir attendue de ce mouvement, ce fut encore sa place de juge de paix. Le pauvre homme reproduisit, aux débats, cette idée fixe, sous mille formes différentes, avec un laisser-aller et une gaieté qui faisaient pitié ; car il n'est rien de plus triste que de voir un malheureux courant à une mort certaine dans le joyeux aveuglement de la confiance (IX).

Sénéchault, se voyant déjà juge de paix, s'empressa de répondre à l'invitation de Dufresne; mais il fut d'abord prévenir un de ses amis, ancien garde d'honneur, Augustin Lambert, dont l'activité et la résolution pouvaient rendre de grands services à la cause des conjurés. Tous deux arrivèrent en toute hâte à la Forge, où ils tinrent conseil avec Fradin. Il fut décidé que Fradin retournerait à Parthenay, et que Lambert serait député vers Berton afin de savoir quels étaient ses projets, après quoi il rejoindrait à Parthenay la troupe que devaient conduire Moreau et Fradin.

Lambert, parti à deux heures et demie de la Peyratte, arriva à Thouars à cinq heures, et avant minuit il était de retour aux portes de Parthenay, ayant fait ainsi plus de quinze lieues. A son arrivée à Thouars,

Lambert s'était rendu chez Pombas, qui le conduisit chez Berton.

Ce dernier dînait alors chez Saugé avec Heureux, député des conjurés de Nantes. Berton reçut Lambert avec beaucoup de brusquerie, et sans vouloir s'expliquer avec lui sur les dispositions qu'il avait prises ; il se borna à dire qu'il avait donné ses ordres à Moreau, et que ce dernier n'avait qu'à les exécuter.

Il lui recommanda toutefois de rappeler expressément à Moreau de faire battre la générale et sonner le tocsin aussitôt son arrivée à Parthenay. Si l'on doit en croire les interrogatoires de Lambert devant le juge d'instruction, qui lui fit un grand nombre de questions insidieuses, il paraîtrait que, ce conjuré ayant voulu manifester à Berton quelques craintes sur les dangers auxquels pouvait être exposée la troupe de Moreau, dans laquelle se trouveraient beaucoup de pères de famille, Heureux aurait répondu avec chaleur :

Hé bien ! si les habitants de Parthenay ont peur de se compromettre, ils n'ont qu'à rester chez eux. Nous ne voulons pas de trembleurs !

Les conjurés de Parthenay n'attendirent pas l'arrivée de Lambert. Ils étaient déjà parvenus à quelque distance de la ville, lorsque vers minuit ils rencontrèrent cet émissaire.

Lambert leur fit part de son entrevue avec Berton et leur dit que, Moreau étant dépositaire de ses ordres, il fallait les exécuter et lui obéir en tous points ;

qu'au surplus, une insurrection éclatait dans toute la France à la même heure ; que 20,000 hommes les attendaient à Saumur et qu'il était urgent d'aller les rejoindre. Accablé de fatigue, Lambert rentra à Parthenay et ne suivit pas la troupe.

Elle se composait de Moreau qui la commandait, des trois médecins Fradin, Ricque et Ledain ; de Millasseau et Cornuau, fabricants d'étoffes ; de Godeau, cordonnier ; de Michin et Pellier, tous deux officiers en retraite, chevaliers de la Légion-d'Honneur ; de Beaudet, cafetier, ainsi que de quelques autres individus de Parthenay qui n'ont pas été l'objet de poursuites ou qui se sont évadés depuis. Elle était bien moins nombreuse que ne l'avait fait entrevoir Moreau, qui avait promis une colonne de 300 hommes. Elle marcha toute la nuit du 23 au 24 février, et arriva le 24, à cinq heures du matin, à Thouars, au moment où l'insurrection y éclatait.

Le 24, dès quatre heures du matin, Berton, en grand uniforme de général, s'était rendu chez Pombas, qui, comme nous l'avons déjà dit, fut avec Rivereau, son ami, le véritable promoteur de l'insurrection. Plusieurs individus avaient passé la nuit chez Pombas, d'autres y étaient arrivés avant le jour. Pombas avait annoncé à tous que le gouvernement du roi était renversé, que la Charte constitutionnelle était violée ; que tout portait à croire qu'elle allait être retirée aux Français ; qu'un gouvernement provisoire avait été créé pour la soutenir et qu'il fallait lui obéir. Il avait en outre distribué à tous ceux qui se présentaient des cocardes tricolores, des armes et des cartouches, et la première opération qu'il commanda fut l'arrestation de la gendarmerie.

Commandant de la garde nationale de Thouars, il faut croire que cet ancien militaire avait, sur les individus placés sous ses ordres, cette autorité qu'imprime aux âmes vulgaires la force seule du caractère et de la résolution, car personne ne songea à protester contre ses ordres.

Sans connaître d'une manière précise de quels sentiments la population armée de la ville de Thouars était animée envers le gouvernement des Bourbons (X), et sans vouloir discuter non plus quelles impressions avaient laissé dans l'esprit de ses habitants les troubles qui avaient agité la Vendée pendant le cours de la Révolution, et récemment encore, sous la Restauration, les agitations dont Thouars avait failli devenir plusieurs fois le théâtre par sa proximité du Bocage, toujours est-il qu'aucun des gardes nationaux ne se refusa à suivre Pombas, que personne ne se permit des réflexions, et que le petit nombre de ceux qui demandèrent des explications sur le bouleversement inattendu qui venait de s'opérer se laissèrent facilement convaincre par le langage qui leur fut tenu.

Et pourtant il faut convenir qu'aux yeux même des hommes les moins rompus aux débats politiques, ce devait être un singulier contre-sens que de se voir appelés à soutenir un gouvernement dont on leur ordonnait de fouler aux pieds les couleurs.

D'autres habitants vinrent se joindre aux gardes nationaux, car que faut-il pour remuer les foules, sinon une impulsion première? Une troupe assez considérable d'insurgés se porta à la gendarmerie.

A leur tête vint se placer Delon, dont nous avons déjà parlé. Condamné à mort peu de temps auparavant pour le complot de Sirjean, il était parvenu à s'évader, et était arrivé à Thouars en même temps que Berton, auquel il servit d'aide de camp. Delon était un jeune homme donnant les plus brillantes espérances, plein de cœur et d'un caractère aimable ; on l'adorait à Saumur, son pays natal.

On se porta donc à la caserne de la gendarmerie. Les portes en étaient fermées : il faisait encore nuit. On sonne. Bocquiaut, simple gendarme, interroge ; Saunion, ex-gendarme, répond : *ordonnance pressée*. On ouvre : aussitôt Pombas et Delon se précipitent dans la cour. Pombas menace Bocquiaut, lui ordonne de se taire, le conduit dans sa chambre et le force à revêtir son uniforme. Pendant ce temps, d'autres conjurés s'assurent des issues des différentes chambres occupées par les gendarmes. On les force à descendre, sans cependant user vis-à-vis d'eux d'aucunes violences.

Le maréchal des logis Mairet hésite un instant, non pas, ainsi qu'il a voulu le faire croire dans un élan de zèle rétrospectif, parce qu'il aime mieux mourir pour son roi que de se soumettre aux rebelles, mais uniquement parce qu'il craint de devenir leur victime. Cependant, menacé comme les autres, il ne tarda pas, comme eux, à obéir. Voilà toute la résistance qu'opposa la gendarmerie et les seules violences dont on usa vis-à-vis d'elle. La brigade tout entière se laissa conduire avec son chef dans la maison de Pombas. Là, il fut question de la désarmer jusqu'au moment du départ des insurgés pour Saumur. Mais Berton, sur la promesse que lui firent les gendarmes de ne pas se servir de leurs armes, ordonna qu'on les leur rendît. On leur laissa leurs cocardes blanches, et on leur permit de retourner à leur caserne; et quoiqu'on leur donnât pour escorte quelques conjurés, il n'est pourtant pas douteux que si les gendarmes eussent été animés de ce royalisme ardent que leur chef a voulu leur prêter au cours des débats, ils auraient pu s'échapper facilement et former une opposition dangereuse pour la réussite de l'entreprise (XI).

L'étonnante activité de Pombas ne se ralentit pas un instant. Il fait sonner le tocsin et battre la générale. Lui-même menace de mort le sacristain qui refuse de sonner les cloches de Saint-Médard; il use des mêmes menaces envers le tambour de ville qui hésite à battre la générale. Il envoie arrêter dans son lit le curé, M. l'abbé Jagault; et, cet ecclésiastique refusant de paraître devant Berton, il se transporte lui-même à la cure, et, au nom du peuple *et de la liberté*, il le contraint de venir. Il ordonne en même temps l'arrestation d'un juge du tribunal de Bressuire, M. Guilbaut, qui se trouvait ce jour-là à Thouars pour des affaires particulières, et qui était connu dans le pays comme étant un royaliste exalté.

M. de La Ville-Baugé, colonel d'infanterie, ancien chef vendéen, ex-maire de Thouars [1], qui, par ses relations avec la Vendée et par sa fortune, pouvait devenir un obstacle pour les conjurés, est également arrêté et conduit devant Berton.

Ce n'est pas tout : Pombas se transporte à la mairie, s'empare du drapeau de la ville, le fait transformer en drapeau tricolore, fait enlever le drapeau blanc qui flotte sur le clocher de l'église de Saint-Médard, choisit les armes en bon état qui se trouvent déposées à la maison de ville, et réquisitionne d'autres armes chez l'armurier Gaspy, pour compléter l'armement des conjurés (XII). Il place des sentinelles aux portes de la ville ; en un mot, il se montre partout, agit, menace, encourage, ordonne... de telle façon qu'en quelques heures, par ses soins, l'insurrection est triomphante à Thouars. Son activité a tout fait, tout surveillé, présidé à tout.

Ce qui paraîtra sans doute extraordinaire, c'est que, pendant ce mouvement, Berton, chef de l'entreprise, et qui, par conséquent, semblait désigné pour animer tout par sa présence, se promenait tranquillement, dans le jardin de Pombas, avec Heureux et Delon. Il était revêtu de son uniforme et fumait son cigare, en s'entretenant avec toutes les personnes qui lui étaient successivement présentées.

[1] M. de La Ville-Baugé fut de nouveau choisi comme maire de la ville de Thouars après l'insurrection.

L'abbé Jagault est conduit devant lui; il s'entretint longtemps avec cet ecclésiastique. MM. Guilbaut et de La Ville-Baugé sont reçus également par lui. Il a, avec le premier, une longue conversation, dans laquelle, de l'aveu même de M. Guilbaut, on épuisa de part et d'autre toutes les formes de la politesse et de la courtoisie.

Pombas, en faisant arrêter ces trois personnes influentes, croyait avoir fourni à la conspiration des otages qui pourraient au besoin servir de garantie aux conjurés.

Berton les laisse en liberté sur parole, et peu s'en faut qu'il ne leur fasse des excuses au sujet de leur arrestation. Cependant cette inactivité et cette mansuétude appliquées à paralyser les effets et l'énergie de Pombas cesseront de provoquer l'étonnement, quand on se rappellera ce que Berton a toujours soutenu : que le mouvement de Thouars se serait opéré quand même il n'y aurait pas pris part ; que les chevaliers de la liberté seuls l'avaient conçu et décidé avant son arrivée ; qu'il n'a été, lui, qu'un point de ralliement et d'unité, et que la plupart des ordres donnés en son nom l'ont été sans qu'il en ait eu connaissance.

Cette insouciance servirait à prouver encore la vérité de cette assertion qui, aux débats, a paru si étrange, et a fait même rejaillir sur lui des imputations de lâcheté..., à savoir, qu'*il avait été entraîné.*

Elle démontrerait, de plus, que Berton n'était pas venu à Thouars par suite d'un plan arrêté par le grand comité directeur pour exécuter des projets mûris depuis longtemps, et qu'il n'était qu'un instrument entre les mains de l'association des Chevaliers de la liberté. Or le mouvement opéré par cette association était tout local et ne se rattachait ni au complot de la Rochelle, ni à celui de Belfort.

Nous insistons sur cette observation, parce qu'elle peut donner la clef des réponses faites par Berton dans ses interrogatoires, et parce qu'il est toujours plus logique d'expliquer par des raisons naturelles et honorables la conduite d'un militaire distingué et bien connu par son courage, que de lui prêter des motifs d'intérêt personnel, ou même d'indélicatesse, quand, du reste, il a, en toute circonstance, donné des preuves incontestables de son dévouement et de sa générosité.

Cependant l'insurrection triomphait. De tous côtés retentissaient à Thouars les cris de *vive le peuple ! vive la liberté ! vive la Charte !* La ville était dans l'agitation... Les habitants, arrachés au sommeil par le bruit du tocsin et de la générale, sortaient en foule de leurs maisons pour s'informer de l'événement.

Il devenait urgent de faire connaître à la population les causes et le but de l'entreprise. Les autorités, consternées, se réunissent à la mairie... Berton s'y présente accompagné d'Heureux, de Delon et de quelques gardes nationaux armés. Il trouve le conseil municipal assemblé. Il déclare au maire que le mouvement qui s'opère en ce moment à Thouars a lieu à pareille heure dans toutes les villes de France...; qu'il a pour but de conquérir les libertés publiques...; que la nation est avilie, la Charte violée, et que le temps est arrivé de replacer la France au rang auquel l'appellent sa gloire et ses destinées. Il annonce en même temps qu'un gouvernement provisoire est établi, et qu'au nom de ce gouvernement il autorise le conseil à continuer d'administrer la ville. Le conseil ne répond rien, mais il ne fait rien non plus pour arrêter le mouvement. Il ne se rencontra pas dans son sein plus d'opposants que Pombas n'en avait rencontré dans les rangs de la garde nationale.

De la mairie, Berton se transporte sur la place Saint-Médard, principale place de Thouars, et là, Heureux donne lecture des deux proclamations que Moreau avait fait connaître à Fradin. L'une était adressée au peuple français. Elle a échappé aux recherches de la justice, et il nous a été impossible de nous la procurer. Il paraîtrait, d'après l'acte d'accusation, qu'elle annonçait *le renversement du gouvernement du roi, ajoutant qu'on devait s'en féliciter, puisque, par ce fait, les acquéreurs de biens nationaux étaient assurés de conserver leurs biens, et puisque les contributions indirectes étaient supprimées.*

Mais comme cette proclamation n'a pu être saisie et que ce n'est que par supposition que le ministère public en a rapporté le sens, il est tout au moins permis de douter qu'elle fût rédigée dans cet esprit. Tout autorise, au contraire, à penser que, lors même qu'en définitive l'insurrection des chevaliers de la liberté aurait eu pour but le renversement du trône des Bourbons, il aurait été tout à fait contraire à la marche générale de la conjuration, ainsi qu'au langage et aux actes dont on était convenu, de consigner ouvertement dans une proclamation ce que peut-être les conjurés ne s'avouaient pas à eux-mêmes dans les mystères de leurs conciliabules.

Quant à l'autre proclamation, elle était adressée à l'armée française et conçue dans ces termes [1] :

« Soldats,

» Toute la France est debout pour reprendre son
» indépendance ; tous les amis de l'honneur sont
» rangés sous l'étendard sacré de la patrie. Déjà
» nos vieux guerriers arrivent de toutes parts et se
» joignent à vos pères, à vos frères, à vos amis.
» Voici pour eux et pour vous le moment de la ré-
» compense et le complément de la gloire ! vous ré-
» pondrez à cet appel, vous êtes Français !
» Soldats, ne vous faites pas illusion, ne comptez
» pas sur les promesses mensongères de ceux de
» vos chefs qui voudraient vous retenir pour vous
» plonger dans l'esclavage. Ils vous caressent parce
» qu'ils ont besoin de vous ; si la victoire se décla-
» rait pour eux, bientôt ils vous trahiraient dans
» vos affections les plus chères, celles de l'indépen-

---

[1] Des copies en furent saisies au domicile de Pombas.

» dance et de la liberté. Les grades, les honneurs,
» la fortune leur seraient réservés. Votre partage
» serait de rester toujours esclaves, et dans les der-
» niers rangs de l'armée. L'expérience vous l'a déjà
» appris. Tous les jours vous voyez licencier, ré-
» former vos anciens compagnons d'armes; les ho-
» norables blessures dont ils sont couverts, les lau-
» riers qu'ils ont moissonnés dans les champs de la
» gloire, sont aujourd'hui pour eux des signes de
» proscription : c'est le sort qui vous attend.

» Soldats français, l'étendard de la liberté est
» encore une fois déployé, ce noble étendard qui a
» brillé et vaincu dans cent batailles. La patrie vous
» réclame, vos parents s'avancent et vous appellent.
» Combattre contre eux serait un crime de lèse-
» nation; triompher avec eux est une vertu natio-
» nale : telle est votre position. Choisissez. *Vive la*
» *France! Vive la liberté!*

» *Le général commandant l'armée*
nationale de l'Ouest,

» BERTON. »

Après la lecture de cette proclamation, dans laquelle, comme on le voit, il n'est nullement question de renverser la dynastie régnante, proclamation qui se trouve, au surplus, en parfaite harmonie avec le système adopté par les chevaliers de la liberté, de ne diriger la révolution que contre les entreprises de la noblesse, des cris divers se firent entendre dans la foule. Les uns criaient *vive la liberté !* d'autres, *vive la république ! vive la France ! vive la Charte ! vive le peuple et la nation !* quelques-uns, en petit nombre, *vive l'Empereur !*

A ce moment, Berton, interrogé par un habitant de Thouars pour savoir au juste ce qu'il fallait crier, répondit : Criez ce que vous voudrez.

Il n'est pas vrai, ainsi que le ministère public a cherché à l'établir dans le procès, qu'on proclama alors les noms des membres du gouvernement provisoire, espèce de directoire exécutif composé des députés dont les noms suivent : Général Foy, Kératry, Voyer-d'Argenson, général La Fayette, Benjamin Constant [1].

Il ne faut, au surplus, que l'extrême variation des accusés relativement aux noms qui furent proclamés dans cette circonstance pour démontrer la fausseté des allégations du ministère public sur ce point (XIII).

Mais ce qui est bien certain, c'est que les noms de ceux qui ont acquis une éclatante célébrité dans le peuple parce qu'ils se sont constamment attachés à la défense de sa cause et de ses intérêts, ont dû paraître un argument irrésistible aux chefs de l'entreprise afin de convaincre, de déterminer et d'entraîner les gens timides.

Dès lors, prendre au hasard les grands noms des membres connus de l'opposition d'alors, pour en

---

[1] Au cours des débats le nom de Manuel fut également prononcé, ainsi que celui du général Demarçay.

faire le palladium de l'insurrection et éblouir les imaginations, était un stratagème trop simple pour qu'il ne se présentât pas naturellement et de prime abord à la pensée des chefs du complot.

Ce sont là, disons-le, les douceurs, mais aussi les dangers de la popularité. Un nom célèbre est pour le peuple une raison de se décider et d'agir...; une glorieuse personnalité est à elle seule une force puissante qui dispense le vulgaire de toute réflexion, car elle implique que tout a été réfléchi, examiné et combiné d'avance.

Mais aussi quelquefois, de combien d'extravagances, de folies, de cruautés même, le peuple, à votre insu, ne vous rend-il pas complice ! Divinité inconstante et bizarre, la popularité fait souvent tour à tour de l'homme qui en est investi l'idole, le bourreau et la victime.

Sans doute, les noms indiqués par l'acte d'accusation ont pu être prononcés sur la place de Thouars tout aussi bien que ceux de Manuel, Laffitte, Sébastiani, Demarçay...; mais faut-il en conclure que ces députés faisaient partie du gouvernement provisoire ?

Nous reviendrons sur ce point ultérieurement; il nous suffit d'affirmer ici que les allégations du ministère public, relativement à la composition de ce soi-disant gouvernement, ne reposent sur aucunes données sérieuses.

Berton, sur cette même place, se livra à l'exercice de la puissance souveraine. Hélas! la roche Tarpéïenne devait être pour lui bien près du Capitole !

Il signa la nouvelle organisation des autorités de Thenezay faite par Rivereau, et qui lui fut présentée par Sénéchault (XIV). En qualité de commandant de l'armée nationale de l'Ouest, il destitua le brigadier de gendarmerie de Thenezay, et le remplaça par un simple gendarme. Il destitua aussi le juge de paix et le maire, puis nomma juge de paix de Thenezay le malheureux Sénéchault[1]. On raconte à ce sujet une anecdote qui met en relief la simplicité d'esprit de ce pauvre homme.

Après avoir présenté à Berton le papier contenant sa nomination, et voyant que le général était tout disposé à le signer, Sénéchault fit un retour sur lui-même et s'accusa d'incapacité : « *Mais, général, je suis peut-être trop bête pour remplir cette place...* — Bah ! répondit Berton, *vous n'êtes toujours pas plus bête que celui qui l'occupe maintenant* »

Berton fit, en outre, mander le sieur Poulet, ancien lieutenant en retraite, et lui confia le commandement de la place en son absence. Il lui ordonna verbalement de faire réparer les armes qui étaient à la mairie, et de réquisitionner à cet effet tous les

---

[1] La première chose que fit Sénéchault, muni de sa nomination, fut de retourner à Thenezay et de la présenter à tous ceux qui avaient été nommés en même temps que lui, et, le lendemain, il se rendit chez le sous-préfet de Parthenay afin de lui annoncer ce grand événement ; car, pour lui, être nommé juge de paix était la suprême affaire. Le sous-préfet, étonné de cette démarche, ne songea même pas à faire arrêter Sénéchault, bien qu'il eût appris le jour même la déroute de Saumur ; il se borna à hausser les épaules. — (Voir aux *Pièces justificatives*, n° IX.)

armuriers et serruriers de Thouars, afin que l'on pût être à même de distribuer promptement des armes aux habitants de la ville et des campagnes qui se présenteraient pour en demander. Il lui recommanda, en outre, de s'entendre avec le maire de la ville pour le maintien du bon ordre et de la tranquillité publique. Il lui remit ensuite, par écrit, sa nomination (XV), et réquisitionna enfin des voitures pour le transport de sa troupe à Saumur (XVI).

Après avoir ainsi placé la ville de Thouars sous l'autorité d'un gouvernement dont rien encore n'avait déterminé la nature, Berton devait se hâter de partir pour Saumur. Il aurait dû songer qu'au mois de février les jours sont de courte durée ; qu'il avait une assez longue route à faire avec une troupe sans discipline et sans expérience, et qu'arriver la nuit à Saumur n'était peut-être pas choisir le moment le plus favorable. Dès neuf heures du matin la conspiration était consommée à Thouars, et cependant l'on ne se mit en marche, paraîtrait-il, qu'entre midi et demi et une heure. Berton s'arrêta longtemps pour déjeuner chez Saugé, qui a prétendu avoir su seulement alors, que la personne qu'il avait logée chez lui était le général Berton. Il perdit de longues heures à se complaire en quelque sorte par anticipation dans l'éventualité de la réussite de son entreprise. Un chef de conjurés ne doit pas songer à son appétit lorsqu'il joue sa tête. Le cardinal de Retz, qui a si souvent dirigé des mouvements populaires, et qu'on pourrait citer à chaque page lorsqu'on écrit

le récit d'une conjuration, a dit avec juste raison :
Il n'y a pas de petits pas dans les grandes affaires.

Une heure perdue peut décider du sort d'un pays ! Berton arrivant à Saumur de jour pouvait soulever la ville, et ce fait aurait eu peut-être d'immenses conséquences...

Du reste, lorsqu'un homme compromet la vie des autres, il ne doit rien laisser au hasard, afin de pouvoir n'attribuer qu'à la volonté toute-puissante de la destinée le mauvais succès de ses efforts.

Au moment de quitter Thouars, Berton voulut témoigner aux habitants sa satisfaction, et il fit afficher l'ordre du jour suivant :

» « Le général commandant le corps d'armée de
» l'Ouest, sur le compte qui lui a été rendu des actes
» de l'autorité locale, témoigne non-seulement sa
» satisfaction à tout ce qui la compose pour sa
» bonne administration, mais encore il l'invite à
» continuer à maintenir le bon ordre, la paix et
» l'union entre les bons habitants Thouarsais. Il la
» prie d'inviter les ministres de la religion à remplir
» leur ministère avec sécurité, certains qu'ils doi-
» vent être d'être protégés par elle.

» Au quartier général, à Thouars.

» BERTON. »

Suscription :

A Monsieur PIHOUÉ,
Maire de la ville de Thouars[1].

---

[1] L'original de cette pièce se trouve dans le dossier de la procédure (n° 15 de l'inventaire).

Tout étant ainsi organisé, Berton se disposa à quitter Thouars. Il se rendit sur la place Lavaux, située en dehors des murs de la ville; il avait donné, dans ce lieu, rendez-vous à tous ceux qui étaient disposés à suivre le mouvement, et il fit apporter le drapeau tricolore qui, jusqu'alors, était resté entre les mains d'un enfant.

Delon et Pombas désignèrent Jaglin pour le porter, attendu qu'il était robuste et d'une taille élevée. Cet homme, simple tisserand, avait autrefois servi la cause royaliste et fait la guerre de la Vendée; depuis, il a payé de sa tête les avantages de la nature qui avaient déterminé Delon et Pombas à lui confier le drapeau.

Berton, sur la sollicitation du maire, M. Pihoué, permit à MM. Jagault, Guillebaut et de La Ville-Baugé de vaquer à leurs affaires, à la charge par eux de se représenter à première réquisition (XVII). La brigade de gendarmerie reçut l'ordre de monter à cheval et de se placer en tête de la colonne. Berton était monté sur l'un des chevaux de M. de La Ville-Baugé[1]. Il se mit en avant de la troupe, composée d'environ quinze hommes à cheval et cent vingt à pied; puis, le drapeau tricolore déployé et tambour battant, la colonne prit la route de Saumur.

A Montreüil-Bellay, les rebelles voulurent contraindre les gendarmes à se joindre à eux. Le briga-

---

[1] Berton renvoya ce cheval à M. de La Ville-Baugé, ce qui n'a pas empêché les journaux royalistes de s'étendre longuement sur cet acte d'improbité.

dier feignit d'y consentir ; mais, pendant les pourparlers, il envoya un de ses gendarmes, par un chemin de traverse, donner l'éveil aux autorités de Saumur.

La petite troupe arriva enfin, vers sept heures du soir, devant le pont Fouchard, et y trouva l'école de cavalerie sous les armes. Trois coups de trompette furent sonnés ; au cri de *qui vive !* il fut répondu : *Armée de l'Ouest !* Delon, s'étant avancé, déclara que la troupe dont il faisait partie formait l'avant-garde d'une armée de 20,000 hommes qui s'avançait sur Saumur.

Le commandant de l'école plaça ses élèves à la tête du pont, du côté de la ville. Le général Berton et sa troupe occupèrent l'autre extrémité du pont.

M. Maupassant, maire de Saumur, vint trouver Berton et le fit entrer, pour parlementer avec lui, dans le bureau de l'octroi.

Là, il engagea vivement Berton à se retirer. Le général, qui cependant recevait, de tous les côtés, des renseignements lui annonçant que s'il avançait il n'éprouverait aucune résistance, se refusa cependant à tenter de pénétrer de vive force en ville.

« *J'ai annoncé*, disait-il, *aux patriotes de Thouars, qu'ils trouveraient Saumur en armes et soulevé. Que l'on vienne à moi, et j'entre en ville ; mais je n'y entrerai qu'à cette condition.* »

Delon demanda énergiquement au général de commander sans délai l'attaque. Berton s'y refusa :

« *Je ne prendrai pas sur moi de faire verser le sang*

français, répondit-il ; *je ne sacrifierai pas à des promesses, que l'on peut ne pas tenir, un seul des braves gens qui m'ont suivi.* »

Après de longues hésitations, et malgré d'énergiques protestations de la part de ses lieutenants Delon et Pombas, il donna, vers deux heures du matin, l'ordre de la retraite.

Il était en proie au plus profond découragement. Sa conduite si digne et si calme devant Saumur a été travestie d'une manière infâme par les journaux royalistes du temps (XVIII).

De retour à Montreuil, la troupe se disperse, et chacun des conjurés songe à assurer sa sûreté personnelle (XIX).

Pombas et quelques autres prennent immédiatement leurs dispositions pour gagner l'Espagne. Plusieurs se cachent quelques jours dans les bois de Sanzay ou dans ceux de la Meilleraye ; les autres rentrent à Thouars.

Berton disparut, et les journaux annoncèrent même qu'il avait trouvé un refuge en Espagne, ce qui n'était pas vrai, car il refusa de s'expatrier.

Le 17 juin on apprit son arrestation à Laleu, commune de Saint-Florent, chez un sieur Delalande, notaire.

C'est au moment où il cherchait à racheter son inaction et sa faiblesse devant Saumur, en organisant une nouvelle conjuration dont le centre d'opérations devait être la Rochelle, qu'il fut livré par un traître du nom de Woelfel, sous-officier dans le régiment de carabiniers dit de *Monsieur* (XX). Ce misérable s'était fait affilier aux carbonari, afin, s'en est-il glorifié lui-même, de mieux pouvoir découvrir et livrer les conjurés. Il devait présenter à Berton des sous-officiers de son régiment. Rendez-vous fut pris à cet effet, et, en arrivant, Woelfel embrasse Berton, puis, un instant après, le couchant en joue, il le livre aux soldats qui l'accompagnent.

« *Je ne m'attendais pas à cela de votre part,* se borne à dire Berton, *vous qui venez de m'embrasser.* »

Ce nouveau Judas reçut comme récompense les épaulettes d'officier.

Woelfel, un instant après l'arrestation de Berton, tuait à bout portant et sans nécessité un riche propriétaire des environs, M. Magnan, qui venait au rendez-vous des conjurés, chez M. Delalande, et qui ne s'était livré à aucun acte d'agression vis-à-vis de lui.

L'auteur des *Mémoires d'une femme de qualité* n'a pas craint d'écrire, en parlant de cette arrestation : « *que Berton n'avait été trahi que par la seule fatalité de son étoile et qu'il fut livré à la vengeance des lois* ».

Une notice imprimée à Poitiers, et dont un extrait figure aux PIÈCES JUSTIFICATIVES sous le n° XVIII, s'exprime ainsi relativement à cette capture : « Berton,
» qui vivait dans des repaires où l'œil de la police
» n'avait pu encore le découvrir, n'a pas renoncé au
» crime, il espère corrompre la fidélité des carabi-
» niers de Monsieur. Il veut séduire le *brave* Woelfel,
» et cet *intrépide militaire*, SI DIGNE DE L'ARMÉE

» FRANÇAISE [1], la venge des coupables espérances
» que les méchants avaient fondées sur elle, en
» livrant à la justice Berton. Ce chef des conspi-
» rateurs, qui avait des pistolets et un poignard, se
» laisse garrotter sans résistance. Honneur aux
» braves qui ont déjoué les conspirations ! Honneur
» aux soldats français ! Honneur aux successeurs
» des Duguesclin, des Bayard, des Turenne..., de
» ces héros de fidélité ! »

Tout cela, pour un misérable agent provocateur, la honte de l'armée ! Quel est donc le militaire dans la poitrine duquel bat un cœur loyal, qui aurait consenti à souiller sa main au contact de celle du traître Woelfel [2] !

Les agents provocateurs furent une des spécialités de la police de la Restauration. On en eut besoin dans toutes les conspirations, et, entre autres, dans celle que jugea la Chambre des pairs, on se servit

[1] De la police de sûreté, à la bonne heure!
[2] Voelfel fut provoqué plusieurs fois en duel par des jeunes gens de Poitiers pendant la durée des débats; mais il paraîtrait qu'une consigne de l'autorité militaire avait interdit aux sous-officiers de répondre à ces provocations. Le 26 octobre, à Saumur, il fut frappé d'un coup de poignard, qui ne lui fit qu'une blessure légère.

Après la révolution de juillet, Woelfel devint, à Frosdorf, professeur d'équitation du comte de Chambord, et plus tard concierge du château de Chambord.

M. Jules Richard, dans une *Histoire du département des Deux-Sèvres*, a commis une erreur lorsqu'il enregistre la mort de Woelfel comme ayant été le résultat du coup de poignard qui lui fut porté, le 26 octobre, à Saumur.

Woelfel a pu jouir longtemps encore du fruit de sa trahison. Il est mort concierge intendant du château de Chambord. Les princes n'abandonnent pas ceux qui leur rendent certains services!

d'un certain capitaine Nantil, contumace, qui faillit couvrir le gouvernement de ridicule. Il fut si clairement démontré que ce Nantil était un policier, que Louis XVIII en conçut un vif dépit : « *La sottise des subalternes, s'écria le roi, expose l'autorité à des soupçons bien fâcheux... Nous avons l'air de fomenter des complots pour les punir. Il n'y aura pas une conspiration, sous mon règne, dont la police ne semble avoir fait la moitié.* »

Ainsi qu'on a pu s'en convaincre par tout ce qui précède, la conspiration de Thouars porte un caractère qui la distingue de toutes celles qui ont éclaté en France sous la Restauration. C'est, en effet, la seule qui ait eu un commencement d'exécution et qui ait établi un semblant de gouvernement. C'est la seule dans laquelle ce mystérieux et invisible comité directeur, auquel, à tort ou à raison, ont été rattachés tous les troubles de notre malheureuse patrie, ait en quelque sorte revêtu un corps, pris un visage, et soit descendu des hauteurs de l'abstraction dans le domaine de la réalité sous le titre de *Gouvernement provisoire*. C'est peut-être, enfin, de toutes celles qui avaient été conçues, la seule qui se soit annoncée par les procédés les plus doux. Sans doute, les conspirations de Paris, de Belfort et de la Rochelle n'ayant pas reçu de commencement d'exécution, il est difficile de dire si elles auraient eu une marche plus violente ; cependant, à Belfort, le premier acte de l'insurrection fut un coup de pistolet tiré sur un homme que les conjurés redoutaient ; à la Rochelle, on trouvait chez les affiliés dix-sept poignards...; à Paris, dans la conspiration jugée par la Chambre des pairs, il avait été tenu par certains conspirateurs des propos atroces contre le roi et la famille royale.

Dans toutes ces conspirations, en un mot, les moyens, quels qu'ils fussent, paraissaient d'avance devoir être légitimes, pourvu qu'ils conduisissent à la réussite.

A Thouars, au contraire, ne semblerait-il pas qu'un engagement solennel avait été pris d'avance, de ne se livrer à aucune violence et de courir le risque de compromettre le succès plutôt que d'avoir recours à des moyens odieux? En un mot, ce fut plutôt une manifestation qu'une conspiration.

Cette circonstance ne prouverait-elle pas encore la sincérité des déclarations de Berton aux *chevaliers de la liberté* lorsqu'ils vinrent le chercher à Rennes et qu'il leur dit *« qu'il ne se mettrait à la tête de l'entreprise que sous la condition qu'il ne serait versé aucune goutte de sang français »* ?

De simples menaces furent proférées, mais aucune ne reçut d'exécution.

Les premières paroles sorties de la bouche des conjurés qui opérèrent quelques arrestations furent pour rassurer les personnes arrêtées et leur dire qu'il ne leur serait fait aucun mal.

Pas un mauvais traitement n'a été exercé ; le ministère public, qui a soumis à une investigation sévère les moindres démarches des insurgés, n'a pu relever contre eux aucune violence. Le curé de

Thouars, le juge de Bressuire, l'ex-chef vendéen, tous hommes dont les opinions et la qualité pouvaient provoquer de la part d'individus aigris de sévères représailles, ont été les premiers à avouer que ni les chefs ni les inférieurs ne s'étaient permis envers eux le moindre outrage ; qu'ils avaient même été traités par les uns et par les autres avec les plus grands égards. Et si quelque chose nous paraît consolant pour l'humanité dans ce lugubre procès, c'est que, malgré le déchaînement des passions, il s'y est encore rencontré des hommes justes et modérés qui ont su, abstraction faite de leurs opinions, rendre un éclatant hommage à la vérité et s'abstenir de toute délation (XXI).

Étant à même de tout faire à Thouars, puisque aucune autorité n'opposait de résistance, et que toutes, au contraire, ont obéi à ses ordres, Berton sut refréner toutes les passions ; aucune menace de pillage ne fut proférée, aucune tentative ne fut faite pour s'emparer des caisses publiques. Cette mansuétude de la part d'hommes agissant sans se connaître, ignorant le résultat de leur entreprise, et chez lesquels les excès pourraient, jusqu'à un certain point, s'expliquer par les dangers qu'ils vont courir ; cette mansuétude, disons-nous, est trop saillante pour ne pas être mise en parallèle avec les rigueurs excessives de la répression.

Je suis convaincu que c'est à tort, et sans données suffisamment précises, que l'on a rattaché le mouvement de Thouars aux conspirations exécutées par la secte des carbonari. Il n'a jamais été prouvé non plus, malgré les affirmations du procureur général Mangin, qu'il ait existé à Paris un comité directeur, ayant pour correspondants en province des comités secondaires sous les ordres desquels se mouvaient de nombreux agents.

Il nous paraît seulement résulter de l'ensemble des faits relatifs à la conjuration du général Berton, que des hommes sincèrement dévoués à leur patrie et à la liberté ont cru qu'il était possible de ramener le gouvernement des Bourbons dans des voies plus équitables, sans user de violence, sans répandre de sang, et par le seul fait d'une grande manifestation nationale.

Le temps fut, certes, mal choisi ; car, en pareille matière, il faut saisir l'à-propos. L'exécration vouée à un gouvernement ne suffit pas pour le renverser, et il est une période avant laquelle ce serait folie de l'entreprendre. Il faut savoir attendre le moment psychologique...

Car n'oublions pas que les journées criminelles de 1822 sont devenues les glorieuses de 1830.

III.

LE PROCÈS.

> « Violer les convenances et la modéra-
> » tion, ce n'est pas toujours violer la loi. »
> (*Extrait d'une lettre inédite
> d'*Odilon Barrot.)

M. Mangin, procureur général près la Cour de Poitiers, se transporta immédiatement sur les lieux, aussitôt après la découverte de la conspiration.

Par arrêt du 27 février 1822, la Cour de Poitiers évoqua l'affaire et désigna le baron de Bernard, son premier président, et le président de chambre Barbault de La Motte, pour remplir les fonctions de juges d'instruction (XXII).

A la date du 3 mars, l'évêque de Poitiers ordonnait des prières publiques (XXIII).

L'instruction de cette grave affaire ayant été commencée dans plusieurs arrondissements dépendant de ressorts différents, le procureur général près la Cour de Poitiers se pourvut en règlement de juges.

Le 4 avril 1822, la Cour de cassation rendit un

arrêt qui attribua la connaissance de l'affaire à la Cour de Poitiers.

L'instruction se poursuivit activement, et, le 3 juillet 1822, la Cour de Poitiers, réglant la procédure, rendait un arrêt de non-lieu à l'égard de quarante-six accusés (XXIV), et renvoyait devant la Cour d'assises cinquante-six individus inculpés de complot contre la sûreté de l'État. Thouars et Parthenay se trouvant dans les Deux-Sèvres, l'affaire était déférée à la Cour d'assises de ce département, siégeant à Niort.

Le procureur général près la Cour de Poitiers se pourvut encore contre cet arrêt, pour cause de *suspicion légitime*, et invoqua, à l'appui de son pourvoi, les considérations suivantes :

« Tous les accusés, moins trois, appartiennent au département des Deux-Sèvres. Parmi eux se trouvent le secrétaire de la mairie et le commandant de la garde nationale de Thouars, un maître de forges, trois médecins, des propriétaires aisés...; tous exercent beaucoup d'influence dans le pays, tant par eux que par leurs familles. Il serait donc à craindre qu'un jury pris dans le département des Deux-Sèvres ne fût pas complétement impartial.

» L'exposant déclare qu'il est à sa connaissance que l'association des *Chevaliers de la liberté* compte dans ce département de nombreux adeptes, et qu'il est naturel de craindre que parmi les jurés il ne se glisse quelques membres de cette association criminelle. »

Le 18 juillet 1822, la Cour de cassation, statuant sur ce pourvoi, prononçait le renvoi de l'affaire devant la Cour d'assises du département de la Vienne, siégeant à Poitiers.

Ce département, l'un des plus arriérés de l'ouest de la France, au point de vue du progrès des idées sociales, compte encore une vieille noblesse très-influente, et dans le sein de laquelle devait se recruter un jury comme on en désirait un.

On craignait l'influence des amis de Berton, et on allait le livrer à tous les vieux émigrés de la Vienne !

« Ce procès, dit Lamartine dans son *Histoire de la Restauration*, fut lent, acerbe, mémorable, par le nombre des accusés. Berton y livra généreusement sa vie pour épargner, autant qu'il était en son pouvoir, celle des victimes de ses témérités. »

Ce fut le lundi 26 août 1822 que le général Berton comparut devant ses juges (XXV).

La Cour d'assises de la Vienne était présidée par M. le conseiller Parigot. MM. Millet, Roy, Baugier et Guimard, conseillers, remplissaient les fonctions d'assesseurs.

MM. Havrard et Allard, conseillers auditeurs, assistaient la Cour comme suppléants.

Le procureur général Mangin occupait le siége du ministère public, assisté de M. Labady, avocat général [1].

---

[1] Ce magistrat devint, en 1827, conseiller à la Cour de Poitiers.

Les avocats furent Boncenne, Bréchard, Calmeil, Pervinquière, Narcisse Bigeu, Brochain, Brunet, Poirault, Fardeau, Pontois, Legentil-Laurence et Drault.

La liste des trente-six jurés composant le jury à la session extraordinaire qui s'ouvrit à Poitiers le 26 août 1822, mérite d'être attentivement examinée (XXVI). Sur trente-six noms sortis de l'urne (hasard étrangement partial!) nous trouvons trente-trois noms avec la particule. Trois marquis et cinq comtes faisaient partie de ce singulier jury.

Le jury de jugement se composa de la manière suivante :

1. CHEVALLEAU, marquis DE BOISRAGON, chevalier de Saint-Louis, président du jury.
2. DE ROUHAULT, chevalier de Saint-Louis.
3. TAVEAU DE MORTHEMER, ancien officier des armées royales.
4. PELLETIER DE MONTIGNY, chevalier de Saint-Louis.
5. Marquis DE VOLUIRE.
6. DE LA LANDE, chevalier de Saint-Louis.
7. COUHÉ DE LUSIGNAN.
8. DE BOISNET.
9. DUPATY DE CLAM.
10. Comte DE GRÉAULME, chevalier de Saint-Louis, ancien grand-prévôt du département.
11. BICHIER DES AAGES.
12. DE LA SAYETTE, chevalier de Saint-Louis.

Ces jurés, désignés par le sort, prirent place sur

des siéges séparés du public et des témoins, en face des accusés, dans l'ordre qui précède.

En totalité, douze nobles sur douze jurés, dont deux marquis et un comte !

C'est donc avec juste raison que Vaulabelle a dit : « *qu'au lieu de livrer Berton à des juges, on l'avait livré à des adversaires, d'anciens émigrés, des officiers des anciens corps royalistes de l'Ouest ayant constamment lutté, sous le drapeau blanc, contre la Révolution. Voilà les hommes que le gouvernement choisit pour prononcer sur le sort de Berton !*

» *En violant ainsi les lois de l'équité politique la plus vulgaire, lorsque la culpabilité était évidente et la condamnation certaine, quels que fussent les jurés, le gouvernement commettait une double faute : il affaiblissait dans l'esprit des populations le respect dû à la justice et paraissait se venger, quand il pouvait punir*[1]. »

Berton voulut tout d'abord choisir pour défenseur M⁰ Mérilhou, du barreau de Paris ; mais il fallait une autorisation pour que cet avocat pût venir plaider à Poitiers, et M. de Peyronnet la refusa[2].

Le général dut donc se résigner à accepter l'avocat qui lui fut désigné d'office par le président de la Cour d'assises.

---

[1] Vaulabelle, *Histoire des deux restaurations*, chap. V (1822).
[2] M⁰ Mérilhou offrit de venir défendre Berton, non comme avocat, mais comme ami. A ce titre, il suffisait d'une autorisation du président de la Cour d'assises. M. Parigot la refusa. Il en fut de même pour Jaglin, qui avait demandé à être défendu par M⁰ Dubois, du barreau d'Angers, et qui ne put l'obtenir.

Ce fut d'abord M° Barbault qui fut indiqué, puis définitivement M° Drault [1] (XXVII).

En vain Berton réclama-t-il l'assistance de M° Mesnard, du barreau de Rochefort, à défaut de M° Mérilhou : on lui répondit que l'article 4 du décret du 14 décembre 1810 n'admettait à plaider devant la Cour et les tribunaux d'un ressort que les avocats inscrits au tableau de cette Cour, et, devant une Cour criminelle, que les avocats inscrits dans le département où siégeait cette Cour; qu'enfin il fallait une autorisation du garde des sceaux pour lever cet empêchement.

Berton, ayant éprouvé un premier refus, ne renouvela pas sa demande pour obtenir d'être défendu par M° Mesnard (XXVIII). Il se borna à protester contre la nomination de M° Drault, déclarant que cet avocat n'avait pas sa confiance, et que, du reste, quand bien même il l'aurait possédée, on l'avait empêché de communiquer librement avec lui.

M° Drault avait voulu faire passer des notes au général : elles avaient été, sur l'ordre du procureur général, interceptées par les gardiens; et Berton disait vrai lorsqu'il déclara que, jusqu'au jour de l'audience, il n'avait pas pu conférer une seule fois avec l'avocat qu'on lui avait imposé (XXIX).

Le général Berton demanda le renvoi de l'affaire devant la Chambre des pairs, en vertu de l'article 33

---

[1] Je n'ai pu me procurer aucun renseignement sur les motifs qui firent substituer M° Drault à M° Barbault, primitivement nommé par le président des assises.

de la Charte constitutionnelle ; mais ses conclusions furent repoussées.

Telles furent les divers incidents de procédure soulevés au seuil de ce dramatique procès. Nous n'entendons pas suivre pas à pas les débats, et nous renvoyons les lecteurs, curieux de connaître tous les détails, aux relations publiées à Poitiers en 1822[1].

Disons, avant d'aller plus loin, toute notre pensée sur le procureur général Mangin, qui fut l'âme de l'accusation.

Jean-Henri-Claude Mangin naquit à Metz le 7 mars 1786. Il fit ses débuts au barreau de cette ville.

Esprit vigoureux et dévoré de l'ambition de parvenir, il se livra au travail avec une énergie qui seule aurait pu le conduire aux plus hautes positions.

Mais, à côté de cette légitime ambition de tout homme qui sent sa valeur, il avait aussi cette préoccupation de vouloir arriver vite. L'acharnement avec lequel il exerça les fonctions du ministère public à Poitiers, et la coupable docilité dont il fit preuve en

---

[1] 1° *Relation officielle*, imprimée chez Barbier. Dans celle-ci, tout ce qui peut être en faveur des accusés a été amoindri, diminué ; tout ce qui a trait aux sorties du procureur général y est développé sans mesure et sous la forme la plus irritante. — 2° *Relation*, imprimée chez Catineau, dans laquelle on a cherché à faire ressortir les injustices, les mesures vexatoires, sans exagérer toutefois le blâme, en raison des mesures spécialement prises dans cette affaire pour réprimer énergiquement tout écart de langage des avocats, toute licence de plume des écrivains (XXX).

se rendant l'instrument des vengeances du gouvernement de la Restauration, ont à tout jamais fait rayer son nom du livre d'or de la magistrature française.

On consultera longtemps encore, et avec fruit, les écrits du jurisconsulte, mais on ne peut plus estimer le caractère du magistrat [1].

Mangin avait une situation importante au barreau de Metz en 1815. Son royalisme ardent le fit désigner, dès le 31 janvier 1816, pour remplir les fonctions de procureur du roi à Metz.

Peu de temps après, M. de Serre, son ami d'enfance, étant devenu garde des sceaux, il fut nommé directeur des affaires civiles au ministère de la justice. Il reçut la croix de chevalier de la Légion-d'Honneur pendant son séjour à la chancellerie.

Enfin Mangin, bien connu pour un homme déterminé, et qu'aucune responsabilité n'effrayait lorsqu'il s'agissait de faire du zèle et de prouver son dévouement, accepta les fonctions de procureur général à Poitiers, qui lui furent confiées le 22 février 1821.

Les départements de l'Ouest étaient agités, et l'on comptait sur l'ardeur du nouveau procureur général

---

[1] Mangin a laissé sur le droit criminel un ouvrage très-remarquable, qui fut publié, deux ans après sa mort, par les soins de MM. Guerry de Champneuf et Faustin Hélie, *Traité de l'action publique et de l'action civile en matière criminelle*, 1857 (CHAMPNEUF);

Traité des procès-verbaux, 1839 (F. HÉLIE);

De l'Instruction écrite, 1343 (F. HÉLIE, sur notes éparses laissées par MANGIN).

pour lutter contre le flot insurrectionnel qui, parti de cette contrée, menaçait d'envahir le reste de la France.

Le gouvernement eut lieu d'être satisfait de ce choix, et, la tête de Berton étant tombée, Mangin n'attendit pas longtemps sa récompense. Il fut fait officier de la Légion-d'Honneur, et, de plus, le titre de baron lui fut offert ; mais il n'accepta pas cette dernière distinction, qui ne pouvait que le couvrir de ridicule.

Le roi considérait Mangin comme un de ses serviteurs les plus zélés, et il le tenait en haute estime.

Le 5 novembre 1826, il le nomma conseiller à la Cour de cassation. Mangin n'avait pas encore 41 ans[1].

Enfin, le 13 août 1829, il fut fait préfet de police, en remplacement de M. de Belleyme.

Le 2 juin 1830, on le nomma de nouveau conseiller à la Cour de cassation, par une ordonnance qui ne reçut pas son exécution (XXXI). Après 1830, il dut se réfugier à l'étranger, et ne revint à Metz qu'en 1834 (XXXII). Il mourut à Paris en 1835.

S'il a laissé au sein de la Cour de cassation la réputation d'un magistrat instruit ; s'il fut estimé à

---

[1] Ses collègues de la Cour de cassation le reçurent froidement. Le comte Portalis, président de chambre, lui écrivit à cette occasion :

« *Je ne m'attendais pas, Monsieur, à vous voir sitôt arriver parmi nous !* »

Phrase cruellement ironique et qui flagellait un avancement que désapprouvaient les vieux magistrats.

Metz, où sa famille jouit encore, à juste titre, de la considération générale [1], il faut bien avouer que son passage à Poitiers a laissé dans ce pays de sanglants souvenirs. C'est là, surtout, qu'il s'est montré, dans toute la force du mot, un homme de parti, un procureur général de combat.

Aussi la magistrature, qui est avant tout soucieuse de ses gloires, répugne-t-elle à le compter parmi ses illustrations ; car ce qui rehausse le magistrat, c'est l'esprit de modération et l'indépendance du caractère, plus encore que le talent et la science.

Mangin fit preuve, dans toute cette affaire, d'une passion haineuse et inqualifiable ; il soutint l'accusation avec un parti pris de violence inouïe, il entrava sans cesse la liberté de la défense ; et quand il s'écriait : « *On s'efforce de rendre ces débats scandaleux !...* » c'était de lui principalement que venait le scandale : ce fut, du moins, l'avis de tous les hommes modérés d'alors.

Ce qu'il faut mettre en relief, c'est cette interprétation implacable et outrée des textes les plus douteux, toutes les fois qu'il s'est agi d'une mesure favorable à l'accusé ; ce sont les odieux traitements des accusés à la prison (XXXIII) et les mesures spécialement prises vis-à-vis de M⁰ Drault, avocat de Berton (XXXIV).

---

[1] Après la mort de Mangin, une souscription fut ouverte à Metz dans le but de donner à sa famille, restée pauvre, un témoignage d'estime. Cette souscription aurait atteint, m'a affirmé un habitant de Metz, le chiffre de 100,000 francs.

Dès la première audience, cet accusé ayant insisté pour avoir un défenseur de son choix, le procureur général lui ferma la bouche en ces termes :

« Si vous voulez faire des plaidoyers à chaque instant, *nous n'en finirons pas.* »

En effet, il fallait en finir... Quelle audace, au surplus, d'oser défendre sa tête !...

M° Drault ne put même pas communiquer librement avec le général : M. Mangin avait donné ordre qu'on ne laissât rien passer à l'accusé, même pas les notes de son avocat. « *Les gendarmes et les gardiens sont derrière nous*, dit M° Drault, *et, en mon âme et conscience, ce mode de communiquer m'a paru si peu propre à remplir le vœu de la loi, si dangereux pour moi et pour l'accusé, que je n'ai pas cru devoir faire au général aucune question.* »

Le président Parigot répondit à ces observations de la manière suivante :

« *Le mode de communication de l'accusé avec son avocat appartient exclusivement au président et au procureur général. Ils ont cru devoir prendre ces mesures : ainsi toute explication devient inutile !* »

Voilà, du moins, un magistrat que les scrupules de conscience n'arrêtaient pas longtemps !

M° Drault a beau faire observer que la communication n'est pas possible si les gendarmes sont de moitié dans les confidences qu'un accusé peut avoir à faire à son défenseur..., le procureur général se relève pour lui lancer cette phrase d'une ironie cynique :

« *Vous connaissez assez la loyauté des magistrats*

de la Cour de Poitiers, pour croire que si on venait leur révéler des aveux surpris, ils voulussent en profiter. » Comme si tout n'était pas possible pour ceux qui se servaient d'un Woelfel ! En tout cas, on peut affirmer que la défense fut entravée par les moyens les plus mesquins.

En ayant l'air de se tenir sur un terrain de stricte légalité, on foula aux pieds les convenances les plus vulgaires [1] ; en un mot, tout fut permis à l'accu-

---

[1] Détail scandaleux et qui résulte d'un document que nous avons entre les mains. Pendant la suspension des séances, les jurés et les magistrats s'entretenaient avec les dames des tribunes, et riaient de la contenance des accusés. Cette attitude indécente fut relevée par des placards injurieux :

« Poitiers, le 23 août 1822.

» A Monsieur le maire de la ville de Poitiers.

» Monsieur,

» Je m'empresse de vous transmettre copie des deux placards qui ont été trouvés aujourd'hui 23 présent mois, à cinq heures du matin, sur un des piliers des galeries de la salle de spectacle. J'ai rédigé procès-verbal, que je me suis fait un devoir de faire passer à M. le procureur du roi.

» J'ai l'honneur, etc.

» *Le commissaire de police de la division du nord,*

» Signé : DE GALLEMANT. »

« Il est défendu à toutes femmes publiques, autres que celles
» de qualité, et nommément aux dames B....., B..... (sœurs), S.....,
» M....., et D....., de prendre place à la tribune de la Cour d'as-
» sises *.
» Si tant est que le Christ doive se trouver parmi des p....,
» encore faut-il qu'elles soient de qualité. »

« AVIS.

» Les officiers portent l'épée sans savoir s'en servir. Ah ! ah ! ah!

„ Pour copie conforme :

(*Archives nationales.*)   » Signé : *Le maire,* LAURENCEAU. »

* Il s'agit de plusieurs femmes de magistrats et fonctionnaires d'alors : nous n'avons pas cru devoir reproduire les noms, plusieurs de ces familles existant encore à Poitiers.

sation et tout fut interdit à la défense. Le garde des sceaux lui-même intervint pour prescrire des mesures de rigueur (XXXV).

Les accusés étaient amenés à la Cour d'assises dans des chariots ; on leur liait les mains avec des cordes qui les blessaient à chaque mouvement que faisaient ces voitures sur les mauvais pavés de la ville [1]. Les soldats qui accompagnaient ce lugubre convoi faisaient fermer les portes des maisons sur son passage.

Poitiers était sous le coup d'une terreur qu'on exagérait à dessein ; les patrouilles sillonnaient la ville nuit et jour, et c'était à peine si les citoyens pouvaient librement vaquer à leurs affaires (XXXVI) [2].

De semblables procès ne sauvent pas un trône... (l'avenir l'a bien prouvé !), et ils ont pour effet de jeter le discrédit sur la magistrature, dont les membres subordonnent quelquefois trop aisément leur conscience à la raison d'État.

[1] Le docteur Barré (Gustave), médecin distingué de Paris, m'a assuré que son père, que j'ai du reste connu à Thouars dans mon enfance, avait conservé pendant toute sa vie la trace des menottes qui lui furent mises, et qui furent tellement serrées, qu'elles lui déchirèrent les chairs, et laissèrent sur ses poignets des cicatrices ineffaçables.

[2] Je trouve dans une lettre inédite de l'imprimeur Catineau ce fait, qu'un soir, pendant le procès, il n'a pas cru pouvoir sortir de chez lui à neuf heures, de crainte d'être ramassé par la patrouille. Il est vrai que Catineau imprimait un compte rendu du procès, rédigé dans un esprit libéral.

Dans sa défense prononcée à la séance du 6 septembre 1822, Berton s'écriait : « *On a mis les menottes à la ville de Poitiers, elle a reçu une quadruple garnison ; nous sommes revenus au temps où l'armée révolutionnaire accompagnait la guillotine quand on lui faisait faire une tournée dans les départements.* »

Je ne sais rien de plus odieux que l'exagération des mesures répressives, et rien de plus cruel aussi, que ces vexations inutiles à l'égard d'un malheureux accusé voué d'avance au bourreau (XXXVII).

Mᵉ Drault, par un légitime scrupule, refusa de prêter son ministère à un homme qui le repoussait, et Mangin de s'écrier : « *S'il refuse, nous nous adresserons au barreau, et nous le ferons rayer du tableau des avocats.* »

Disposait-il donc des avocats comme de ses geôliers ?

A cette occasion, le procureur général prononça cette phrase curieuse :

« *Telle est la magnanimité et la générosité de nos lois, qu'elles veulent qu'un défenseur soit donné à l'accusé, malgré cet accusé lui-même. Il y a inconvenance, inhumanité de la part de Mᵉ Drault, à abandonner son client.* »

Inhumanité est vraiment superbe !

Continuons à relever les incidents de ces singuliers débats. Le témoin Fauque se trouvant dans la salle pendant la déposition du témoin de La Ville-Beaugé, Mᵉ Drault demande acte à la Cour de ce fait.

« *Prenez-y garde !* réplique Mᵉ Mangin, *on n'a pas besoin de vous en donner acte.* » Prenez-y garde ! Était-ce, du reste, au ministère public à répondre au nom de la Cour sur un point que cette dernière seule avait le droit de trancher ?

Les débats continuèrent de la sorte, dirigés par Mangin, dont l'âpre ardeur nous apparaît aujourd'hui dans toute sa furie. Au lieu de conserver dans ces séances solennelles le calme et la sérénité qui donnent aux magistrats un lustre incomparable, il s'abandonna aux passions qui l'agitaient et aux intempérances de langage qui démontraient les grossièretés de cette intelligence haineuse, autant que pleine d'ambition. Il se ravala jusqu'à traiter Berton de lâche et jusqu'à reprocher à ce brave et loyal soldat de n'avoir pas su mourir..., oubliant que celui auquel s'adressaient ces invectives avait conduit des Français au combat, que sa poitrine, couverte de glorieuses blessures, portait une croix gagnée au champ d'honneur, ce qui était un témoignage éclatant que la crainte de la mort n'avait jamais déshonoré sa vie.

Les enfants du malheureux Berton ne purent même pas assister au procès de leur père. M⁰ Drault demanda un jour pour l'un d'eux la triste faveur d'être admis dans la salle d'audience, et le président répondit : « *Je ne le puis...; il a déjà assisté à la séance d'hier.* »

C'est absolument ce que l'on ferait répondre par l'huissier à un solliciteur importun.

Voilà, certes, une cruauté bien inutile : elle soulèvera l'indignation dans toute âme généreuse et impartiale.

Mangin n'admettait aucune contradiction.... Pendant que Woelfel déposait, l'incident suivant se produisit :

M⁰ Boncenne : « J'ai l'honneur de faire observer à la Cour que les cartes du colonel Alix sont écrites, et que le témoin Woelfel vient de dire qu'on se gardait bien d'y écrire quelque chose [1]. »

Le président : « Le témoin Woelfel n'a pas dit cela. » (Murmures au banc des avocats.)

Le procureur général : « Ces murmures sont étonnants ! »

M⁰ Pontois : « J'atteste que tout le barreau a entendu. »

Le président : « M⁰ Pontois, soyez plus circonspect. »

M⁰ Pontois : « Mais sur quoi ? »

Le président : « La Cour n'a pas entendu le propos de Woelfel tel que vous le rapportez, non plus que MM. les jurés. »

M⁰ Pontois : « Mais, Monsieur le président, vous ne pouvez pas savoir comment ont entendu MM. les jurés ? »

Le procureur général : « Nous ne souffrirons pas un tel scandale... ; nous requérons que M⁰ Pontois soit suspendu de ses fonctions après la présente session. »

En définitive, à une observation juste et qui ne

---

[1] Il s'agissait de cartes découpées pouvant servir de signe de reconnaissance entre les différents conjurés.

lui était pas adressée, Mangin répond par des réquisitions menaçantes.

La loi fait un devoir aux jurés de ne pas manifester leur opinion au cours des débats ; or voici quelques paroles échappées à des jurés entraînés par la fougue impétueuse de leurs convictions [1] :

Audience du 27 août. — Un juré, s'adressant au général Berton, dit : « Puisque vous aimiez le roi, pourquoi faisiez-vous porter la cocarde tricolore à votre troupe? »

Berton répondit : « Cela s'est fait sans moi. »

Un autre juré, M. Bichier des Aâges, s'adresse à Berton en ces termes : « Vous avez dit que votre expédition se faisait en faveur du roi et de la Charte menacés : *mais la France entière ne voit pas cela.* Alors quel a pu être votre motif? Sans doute, si le roi et la Charte étaient menacés, il faudrait aller à leur secours [2]. »

Berton : « On sait bien que la Charte est violée : les journaux sont pleins des atteintes qu'on y porte sans cesse. »

Un juré : « Vous ne devez pas vous en rapporter à ce que disent les journaux *vendus à un parti* [3]. »

---

[1] « Un juré, le comte de Greaulme, ancien prévôt du départe-
» ment de la Vienne, est le sujet de toutes les conversations.
» Il criait comme un énergumène que le procureur général, qui
» avait demandé dix-sept condamnations capitales, avait été trop
» mou. » (Extrait d'une lettre du baron Locard au directeur de la police, en date du 29 septembre 1822. — *Archives nationales*.)
[2] Catineau, p. 47.
[3] Catineau, p. 48. — Ce propos d'un juré est singulièrement modifié dans la *Relation* de Barbier, p. 35.

Les jurés ne furent pas les seuls à faire certaines réflexions, les conseillers eux-mêmes crurent devoir accentuer leurs opinions ; l'un de ces derniers, M. Guimard, s'adressant à Berton, se permit cette singulière sortie : « *Il est certain qu'il y a eu un mouvement. Il est certain qu'il y a eu un chef, et que vous étiez ce chef. Il serait grand, il serait généreux de votre part de vous charger de l'accusation totale, et de ne pas la répandre sur des individus qui n'ont obéi qu'à vos suggestions. Toute la France, tous ceux qui composent l'armée ou qui en ont fait partie, voudraient vous voir jouer un autre rôle* [1]. »

Mais nous avons assez parlé de toutes ces petitesses et de tous ces incidents mesquins. A l'époque, cela pouvait être compté pour quelque chose : actuellement cela fait hausser les épaules de pitié. La délation joua aussi un certain rôle dans cette affaire, et les lettres anonymes ne manquèrent pas (XXXVIII).

Reposons notre esprit en relisant des pages bien autrement graves, bien autrement émouvantes que toutes les sorties intempestives des jurés et des magistrats, que toutes les exclamations haineuses de M. le procureur général Mangin. Il s'agit de la défense de Berton, rédigée par lui-même [2].

---

[1] Et après cette petite consultation, dans laquelle il a trouvé moyen de laisser apercevoir l'étendue de son dévouement, M. Guimard se replonge silencieusement dans son fauteuil, assuré qu'il est que de semblables paroles ne pourront être que fort agréables à l'autorité.

[2] On a prétendu que M⁰ Drault avait contribué à cette rédaction. Le fait est inexact. Ce plaidoyer est l'œuvre de Berton lui-même qui l'avait tout entier écrit de sa main.

« Messieurs les jurés,

» J'ai été longtemps le maître de ne point paraître
» devant vous. J'aurais pu m'embarquer pour l'Es-
» pagne, aussi facilement que l'ont fait les officiers
» qui étaient avec moi ; longtemps après leur dé-
» part, j'ai encore eu à ma disposition un bâtiment
» pour m'y conduire... Mais j'ai pensé que fuir loin
» de France était indigne de moi, et que je com-
» mettrais une lâcheté en quittant son territoire,
» pendant qu'un certain nombre de mes coaccusés
» étaient dans les fers.

» J'ai eu même l'intention de me constituer pri-
» sonnier, et je l'eusse fait si un autre homme que
» M. Mangin eût été procureur général près cette
» Cour. J'en ferai connaître les raisons, en parlant
» de l'acte d'accusation dressé par lui, et qui m'a
» confirmé dans mes justes préventions et sur tout
» ce qui m'avait été dit de son caractère, qui ne
» laissait concevoir aucune espérance d'être utile à
» tant d'accusés.

» On n'a rien épargné, Messieurs, pour tâcher
» de nous avilir à vos yeux (XXXIX); les épithètes
» les plus offensantes, de la part d'un magistrat re-
» vêtu d'aussi éminentes fonctions, ont prouvé
» combien son caractère est irascible et combien
» il a manqué de dignité.

» Le courage qu'on croit déployer lorsqu'on est
» certain de ne courir aucun risque, de n'être ex-

» posé à aucun danger, n'est qu'une fanfaronnade
» ridicule ; et quand M. le procureur général s'est
» cru autorisé à nous traiter de lâche, nous l'avons
» méprisé. Il m'a accusé de manquer de courage :
» je me suis borné à lui répondre que cela ressem-
» blait un peu trop à la fable du lion qui croit mourir
» deux fois en se trouvant exposé à de telles atteintes.
» Par respect pour la Cour, par égard pour MM. les
» jurés, nous nous sommes renfermé dans la plus
» grande modération ; j'ai cru même ne devoir pas
» repousser l'aigreur par l'aigreur.

» M. le procureur général, par un jugement an-
» ticipé, m'a qualifié d'ex-général, alors que je ne
» suis qu'en demi-solde..., ce qui n'ôte pas le grade.

» ..... C'est Grandmenil qui avait organisé à la
» campagne de M. Delalande un dîner où devait
» venir Woelfel. C'est ce dernier qui nous coucha
» en joue et nous menaça de mort... Quoique je ne
» craigne pas la mort, on n'aime pas à la recevoir
» de la main d'un assassin, et je me sers de ce
» terme avec d'autant plus de raison que ce Woelfel
» a assassiné le sieur Magnan. « *En voilà un qui*
» *dort,* est-il venu nous dire en affectant un rire fé-
» roce. *Si Grandmenil vient, je lui en réserve autant;*
» *je lui casse la tête.* » Sur ce que je fis observer à
» Woelfel et aux trois sous-officiers qui l'accom-
» pagnaient qu'ils faisaient un vilain métier pour
» des militaires, l'un me répondit : « *Que voulez-*
» *vous, mon général, c'est malheureux; mais nous en*
» *avons reçu l'ordre.* »

» Le mouvement qui eut lieu à Thouars le 24 fé-
» vrier n'avait pas pour but de renverser le gou-
» vernement du roi. Il était encore bien moins
» dirigé contre le gouvernement de Sa Majesté,
» puisqu'il était l'œuvre des chevaliers de la li-
» berté, dont le premier article des statuts est : *le*
» *maintien et la conservation du roi et de l'auguste*
» *famille régnante; le soutien de la Charte, avec l'en-*
» *gagement de combattre les ennemis de la liberté, qui*
» *sont ceux de la Charte.*

» Le mouvement qui a eu lieu à Thouars n'a point
» été préparé par moi, c'est le fruit d'un grand et
» long mécontentement. On a prétendu que mon
» nom se trouvait impliqué dans une insurrection
» des militaires de la Rochelle. Où est la preuve de
» ces assertions erronées ? Qu'il est aisé d'imaginer
» de nouvelles accusations contre ceux qui sont
» chargés de la haine d'un parti ! C'est se servir
» contre moi du subterfuge employé depuis long-
» temps par cette infâme police, qui étend son in-
» fluence pestilentielle et corruptrice sur toute la
» France et jusque dans le ministère, qu'elle trompe,
» en prétendant l'éclairer. C'est ainsi qu'elle cher-
» che à justifier ses exécrables persécutions, dont
» j'ai été depuis plus de six ans une des victimes.

» Lors de mon interrogatoire, M. le procureur
» général m'invita à lui révéler le nom des membres
» du Comité directeur. « Vous rendrez, ajouta-t-il,
» un grand service au roi, et vous aurez droit à sa
» clémence. »

» Je répondis : J'ignore s'il y a un Comité direc-
» teur, mais je sais que je puis rendre un grand
» service au roi. Obtenez que tous ces malheureux
» qui gémissent en prison soient rendus à la liberté ;
» laissez-moi les engager par serment à rester
» fidèles au roi. Je suis sûr qu'ils m'obéiront ; et
» vous rendrez ainsi de bien plus grands services
» que de faire quelques victimes. Cet acte de clé-
» mence fera un très-grand effet, et vous tranquil-
» liserez le pays. *Que je sois le seul jugé, je ne de-*
» *mande rien pour moi.*

» J'ai connu à l'instant que cette demande ne
» plaisait pas à M. le procureur général, car il garda
» le silence. Il lui fallait de nombreux accusés pour
» témoigner de son grand zèle.

» M. le procureur général vous a dit à vous, qui
» presque tous possédez d'anciens titres, qu'une
» longue révolution avait déraciné et livré à la tem-
» pête les anciennes positions sociales. Je ne sais si
» je dois m'attribuer une partie de ces paroles ; mais
» mon avancement a été bien plus pénible et bien
» moins actif que celui de M. le procureur général.
» Je n'ai obtenu aucun grade militaire par protec-
» tion, ni dans les bureaux, ni dans les anticham-
» bres des ministres... Il nous dévore des gestes et
» des yeux comme des victimes qu'on doit lui im-
» moler. Il a trouvé moyen d'amener sur la scène
» les noms de MM. les généraux Foy, La Fayette,
» Sébastiani, Demarçay ; des députés Kératry,
» Voyer d'Argenson, Laffitte, Benjamin Constant

» et Manuel. Il a regretté de n'avoir contre eux que
» des preuves morales (XL) !

» On m'a refusé la consolation d'embrasser
» mes enfants. Je ne crois pas que, dans les hor-
» reurs de la Révolution, Fouquier-Tinville ait eu
» l'affreux courage d'exercer une barbarie aussi
» féroce.

» Vous remarquerez, Messieurs, que mes fils
» avaient une permission spéciale d'un des minis-
» tres du roi pour venir me voir, et vous pourrez
» juger de l'étendue de la dictature de M. le procu-
» reur général, qui n'a pas voulu permettre que je
» les visse. Cette épreuve m'a causé bien du cha-
» grin, et c'est ce que l'on voulait.

» M. le procureur général a parlé de son indul-
» gence, et il vous demande beaucoup de sang. Si
» votre conscience vous dit qu'il en faut, je ferai
» bien volontiers le sacrifice du mien ; j'en ferais
» surtout le sacrifice avec joie, s'il pouvait rendre la
» liberté à tous ceux qui m'ont suivi jusqu'à Sau-
» mur. Vous pouvez les épargner, Messieurs, aucun
» sentiment intérieur ne doit vous en faire de re-
» proche. Je désirerais, en ce cas, pouvoir fournir
» à moi seul assez de sang pour apaiser la soif de
» ceux qui en paraissent si altérés.

» Pendant vingt ans, j'en ai versé sur quelques
» champs de bataille ; j'y ai épargné celui des émi-
» grés, lorsqu'ils combattaient contre la France.
» J'en ai sauvé, comme bien d'autres de mes com-
» pagnons d'armes l'ont fait, et cette générosité

» avait ses dangers. Je n'ai jamais fait couler une
» goutte de sang français ; celui qui me reste est
» pur, il est tout français.

» J'ai longtemps exposé ma vie avec gloire pour
» mon pays. Si je devais la perdre par la main de
» mes concitoyens, je leur présenterais encore ma
» poitrine avec le même courage que j'ai toujours
» montré devant les ennemis de la France.

» Nos noms, Messieurs, seront inscrits ensemble
» dans l'histoire ; la France et l'Europe nous juge-
» ront sévèrement et sans partialité. Quoi qu'il
» puisse arriver, mon cœur n'a rien à craindre, et
» ma devise, comme elle a toujours été, sera
» celle-ci :

» *Dulce et decorum est pro patria mori*[1]. »

A la séance du 11, Berton prit de nouveau la parole pour se plaindre de ce qu'aucun avocat n'avait osé résumer le point général de droit, et de ce qu'on avait rétréci la plaidoirie de façon à empêcher les avocats de pouvoir développer leurs pensées (XLI).

« Il est à craindre, ajouta-t-il, que le système de
» M. le procureur général ne triomphe dans cette
» enceinte : du sang et encore du sang ! Ah ! Mes-
» sieurs les jurés, creuserez-vous tous les tombeaux
» qu'on vous demande ? Ils seront élevés, ils reste-
» ront sous vos yeux, et vos noms y seront gravés à
» côté des nôtres. M. le procureur général n'a rien

[1] Séance du 6 septembre 1822.

» négligé pour faire passer dans vos âmes les cruels
» sentiments qui animent la sienne.

» M. Mangin est un cosmopolite de la politique ;
» d'autres triomphes de l'espèce de celui-ci peuvent
» l'appeler loin de vos foyers : il vous abandonnera,
» Messieurs, à la contemplation de vos victimes.

» J'ai déjà eu l'honneur de vous le dire, Mes-
» sieurs, si votre conscience vous demande du
» sang, je vous offre le mien ; je vous abandonne
» ma vie.

» Mais épargnez, je vous en supplie, au nom de
» l'humanité, au nom de votre propre gloire, les
» hommes qui ont marché avec moi. Ils furent
» trompés, ils ont cédé, ils ont été entraînés. Ren-
» dez ces malheureux à leurs familles, qui vous
» béniront. Vos noms ne seront pas oubliés dans
» leurs prières ; votre sommeil en sera plus tran-
» quille, car aucun regret n'agitera vos consciences.

» Je vous l'ai dit, Messieurs, on a imaginé en-
» vers moi des épreuves de toutes sortes pour m'a-
» battre et me décourager. Un de mes guichetiers,
» à trois reprises différentes, me disait que je por-
» tais le même nom qu'un de ses camarades de la
» geôle de Poitiers, et je ne pus m'empêcher de lui
» dire : Allez dire à celui qui vous fait la leçon que
» le nom de Berton sera honoré en France, quand
» celui de Mangin y sera en exécration.

» Mes enfants porteront toujours ce nom avec
» orgueil. Je suis un descendant des Crillon, et
» quoique je ne veuille pas m'honorer de cette il-

» lustre origine, le brave Crillon ne me renierait
» pas. Je vous ouvre mon sein, Messieurs, frappez,
» je mourrai sans crainte. »

Vaines paroles ! l'arrêt fatal était déjà tombé de toutes les lèvres !

Les avocats se succèdent ; le président Parigot résume les débats, et termine sa harangue par ces mots lancés impudemment à la tête des jurés :

« *Rappelez-vous bien qu'il ne vous est pas permis d'être cléments!* »

Le 11 septembre, le jury rendit enfin son verdict (XLII).

La Cour prononça l'acquittement de MARCHAIS Pierre et de François-Benjamin FRADIN, le jury ayant répondu négativement sur toutes les questions concernant ces deux accusés :

Elle déclare : « Jean-Baptiste BERTON, Henri-
» Modeste FRADIN (XLIII), atteints et convaincus des
» crimes de COMPLOTS et d'ATTENTATS dont ils étaient
» accusés ; Pierre CAFFÉ, Guillaume SAUGÉ, atteints
» et convaincus du COMPLOT et de la complicité d'AT-
» TENTAT dont ils étaient accusés ; François SÉNÉ-
» CHAULT (XLIII) atteint et convaincu de complicité
» des ATTENTATS commis à Thouars par Berton et
» autres le 24 février dernier ; François JAGLIN at-
» teint et convaincu d'EMBAUCHAGE, et d'AVOIR
» REMPLI DANS UNE BANDE ARMÉE MARCHANT SOUS LE
» DRAPEAU TRICOLORE, LEVÉE POUR COMMETTRE LES
» ATTENTATS CI-DESSUS RAPPELÉS, L'EMPLOI OU LA
» FONCTION DE PORTE-DRAPEAU. »

La Cour déclare : « Louis-Jules Alix, Joachim-Pierre-Marie Ferail, Joseph Ricque, Hyacinthe Ledain, Robert-Augustin Lambert, Louis Sanzais, Édouard Beaufils, Vincent-Louis-Armand Coudray dit Marquis, atteints et convaincus de n'avoir pas révélé les complots mentionnés dans le résumé de l'acte d'accusation. »

Elle déclare en outre : « Jacques-Lucien Civray, Jérôme Delavaux, Nicolas Laignelot, Julien Masse, Jacques Meunier, Vincent-Désiré Marquet, Henri Prier, François Normandin, atteints et convaincus d'arrestations illégales. »

Elle déclare enfin : « Mathurin Civray, Pierre Cornuau, Henri Godeau, Jean Michin, Pierre-Louis Millasseau, Louis Pellier, Jean Auger dit Farine, Claude Lagrange, Jacques-Élie Bigot, Alexandre-Ferdinand Marillet, Barthélemy Boudier, Louis Gerfaux, Charles Par, Jean Samson et Jacques Deligny, atteints et convaincus d'avoir marché en bandes armées sous un signe extérieur de ralliement non autorisé par la loi.

» Pour réparation de quoi, vu les articles, etc.[1],

» La Cour condamne à la peine de mort :

» Jean-Baptiste Berton, Caffé, Saugé, Sénéchault, Modeste Fradin, Jaglin, ci-dessus qualifiés ;

---

[1] Art. 87,-88, 89, 91, 92, 96, 59, 60, 12, 26, 36, 103, 105, 341, 343. 100, 44, 55 du Code pénal, 9 § 2 de la loi du 25 mars 1822, 365, 366, 368, 376 du Code d'instruction criminelle.

» Ordonne qu'à la diligence de M. le procu-
» reur général du roi, son arrêt sera *exécuté*, en
» ce qui concerne Berton, Caffé, Fradin et Séné-
» chault, sur la place publique de Poitiers, et, en ce
» qui concerne Saugé et Jaglin, sur la place publique
» de Thouars.

» La Cour *commet* en conséquence le greffier de
» la justice de paix du canton de Thouars pour
» *dresser procès-verbal de ladite exécution et ordonne*
» que le présent arrêt sera imprimé par extrait et
» affiché dans tous les lieux indiqués par la loi;

» Condamne ALIX, FERAIL, RICQUE, LEDAIN,
» LAMBERT, SAUZAIS, BEAUFILS (XLIV), COUDRAY, à
» la peine de cinq ans d'emprisonnement et en
» 2,000 fr. d'amende;

» Condamne Lucien CIVRAY, DELAVAUX, LAI-
» GNELOT, MASSE, en cinq ans d'emprisonnement;
» MARQUET, PRIER, MEUNIER, NORMANDIN, à trois
» ans d'emprisonnement; *les condamne tous à la sur-*
» *veillance de la haute police pendant dix ans, à partir*
» *de l'expiration de leur peine, et à fournir un cau-*
» *tionnement de bonne conduite de la somme de*
» *1,000 francs;*

» Condamne Mathurin CIVRAY, CORNUAU, GO-
» DEAU, MICHIN, MILLASSEAU, PELLIER, ci-dessus
» qualifiés, à deux ans d'emprisonnement et cha-
» cun solidairement à 50 fr. d'amende; Jean AUGER
» dit FARINE, LAGRANGE, BIGOT, MARILLET, BOU-
» DIER, GERFAUX, PAR, VALLÉE, SAMSON et DELI-
» GNY, également qualifiés dans cet arrêt, à un an

» d'emprisonnement, et chacun à 30 fr. d'amende,
» dont ils seront tenus solidairement ;

» Condamne enfin solidairement aux frais envers
» l'État TOUS LES INDIVIDUS DÉCLARÉS COUPABLES PAR
» LE JURY [1]. »

Berton et Caffé, membres de la Légion-d'Honneur, furent dégradés sur les réquisitions du procureur général, et par le même arrêt.

La séance fut levée le jeudi 12 septembre, à une heure du matin.

Les débats avaient duré dix-huit jours.

Le 13 septembre, la Cour d'assises se réunissait pour juger les accusés contumaces : GOURDIN fut acquitté. La Cour déclara Louis MOREAU, Honoré-Édouard DELON, Jean-Pierre POMBAS, Jean-Jacques RIVEREAU et Charles SAUNION, atteints et convaincus de complots et attentats dont ils sont accusés, ayant pour but de détruire et de changer le gouvernement du roi, d'exciter les citoyens ou les habitants à s'armer contre l'autorité royale, d'exciter la guerre civile en armant ou portant les citoyens à s'armer les uns contre les autres.

Elle déclara les accusés GRANDMENIL, Jean GAUCHAIS, François CHAUVET, Ange CHAPPEY, Félix COSSIN, Julien-Toussaint-Victor HEUREUX, atteints et convaincus des *complots* et de *complicité des attentats ci-dessus exprimés.*

---

[1] Tout ce qui précède a été copié textuellement sur l'original même de l'arrêt de la Cour d'assises, qui se trouve dans les archives du greffe de la Cour de Poitiers.

Elle déclara les accusés Claude-Olivier Dufresnes, Louis-Marie Baudet, atteints et convaincus de *non révélation desdits complots;* déclara l'accusé Nonet atteint et convaincu d'arrestation illégale; elle déclara enfin l'accusé Malecot atteint et convaincu d'avoir fait partie *d'une bande armée portant un signe extérieur de ralliement, non autorisé par le roi.*

Et pour réparation condamna à la peine de mort Grandmenil, Gauchais (XLV), Chauvet, Chappey, Cossin, Heureux, Moreau, Delon, Pombas, Rivereau[1] et Saunion (XLVI);

Condamna Baudet et Dufresne à cinq ans d'emprisonnement et 2,000 fr. d'amende;

Condamna Nonet à cinq ans d'emprisonnement et Malecot à un an d'emprisonnement et à 100 fr. d'amende.

Elle condamna enfin, solidairement avec Berton et autres, tous les individus déclarés coupables par le présent arrêt.

Diverses grâces ou commutations de peine furent accordées à un certain nombre de condamnés (XLVII).

---

[1] J'ai toujours entendu dire que Rivereau ne quitta pas la France et qu'il resta caché à Thouars chez les demoiselles Jounault. Il y avait une cachette pratiquée dans leur maison, et Rivereau s'y réfugiait chaque fois que la sonnette de la maison se faisait entendre. Rivereau était le neveu de l'abbé Boussi, desservant de Saint-Laon de Thouars, ancien émigré et ardent royaliste. On le rencontra quelquefois le soir dans les rues de Thouars, déguisé en femme, et cependant il ne se trouva personne dans cette ville pour le dénoncer.
Ce silence de huit années fait honneur aux Thouarsais.
Rivereau ne sortit de sa cachette qu'en 1830.

Quelques condamnés contumaces, parmi lesquels nous trouvons Pombas, Moreau, Delon et Heureux, combattirent en Espagne (à Irun), sous les ordres du colonel Fabviers, qui chercha à soulever l'armée du duc d'Angoulême lors de son entrée en Espagne [1].

---

[1] C'est à cette réunion de libéraux exilés qu'il est fait allusion dans la célèbre chanson de Béranger, *Le nouvel Ordre du jour*, dont voici le dernier couplet :

 —Notre ancien, vous que l'père aux autres
 Eût fait z'officier d'puis longtemps,
 Marquez-nous l'pas, nous s'rons des vôtres.
 — Mon p'tit, v'la des Français qu'j'entends.
  Si la France en alarmes
  Porte un trop lourd fardeau,
  Pour essuyer ses larmes
  R'prenons not'vieux drapeau !
 Brav'soldats, v'la l'ord'du jour.
  Point d'victoire
  Où n'y a point de gloire.
 Brav'soldats, v'la l'ord'du jour.
  Garde à vous ! demi-tour !

IV.

LES EXÉCUTIONS.

> « Quand vous voyez un homme conduit au
> » supplice, ne vous pressez pas de dire : celui-là
> » est un homme méchant. »
>
> (LAMENNAIS, *Paroles d'un croyant*.)

Berton ne se départit pas un seul instant de son calme ordinaire, et il accepta les tortures qu'on lui fit subir avec la résignation d'un martyr [1].

---

[1] J'ai voulu visiter à la prison de la *Visitation*, à Poitiers, le cachot où furent enfermés Berton et les autres condamnés à mort, après l'arrêt de la Cour d'assises. Je suis sorti de ce lieu épouvanté! On jeta ces malheureux dans une cave humide et sombre, un véritable cachot de l'Inquisition!

Tout ce qu'il fut possible d'inventer en fait de précautions cruelles et de raffinements de barbarie répressive fut déployé à l'égard de ces infortunés. Il faut remonter jusqu'aux tortures des anciennes justices pour trouver rien d'aussi odieux. Aussitôt après l'arrêt, Berton, Saugé, Jaglin, Fradin, Caffé et Sénéchault furent enlevés des cellules qu'ils occupaient et conduits dans un long et humide cachot situé au-dessous du sol (une des anciennes caves du couvent). Ce cachot avait été l'objet de travaux d'appropriation considérables. Deux soupiraux de petite dimension, qui donnaient peu de jour et qui étaient déjà pourvus de grilles en fer, avaient été pour ainsi dire complétement bouchés par d'énormes pièces de bois entre-croisées. La porte de cette cave avait été diminuée de moitié, et l'on avait blindé tout un côté de la muraille, qui longeait un corridor avec des ma-

L'arrêt de mort dont on venait de le frapper n'était pas de nature à le surprendre.

Il se pourvut en cassation. Son fils Charles Berton se rendit à Poitiers, afin de se procurer, à l'appui de ce pourvoi, des renseignements précis sur l'âge d'un juré. Le général de Malartic [1] le fit arrêter

driers de chêne, reliés entre eux par d'énormes boulons de fer.

Au fond de ce caveau, long d'environ quinze mètres et large de six ou sept mètres, on avait fait enfoncer en terre et fixer dans les voûtes sept gros poteaux, espacés les uns des autres d'environ deux mètres ; trois occupaient le fond du caveau, un était en retour dans la muraille de gauche, et trois en retour le long de la muraille de droite.

Berton fut attaché au poteau du fond le plus à droite. Caffé était à côté de lui au premier poteau de droite.

A un mètre du sol, dans chacun de ces poteaux, était fixée une énorme chaîne de fer, longue d'environ quatre-vingts centimètres, qui retenait un carcan formé d'énormes demi-cercles en fer, pourvus de charnière et de serrure.

Pendant vingt-six jours ces malheureux restèrent attachés avec cet horrible chaîne qui leur serrait le cou et devait leur écraser la poitrine, tant son poids était énorme. (Le carcan de Berton a été pesé devant moi ; son poids est de trois kilogrammes huit cents grammes.)

A la vue des lieux où ces infortunés vécurent leurs derniers jours, mon cœur fut saisi d'une émotion violente ; mais lorsque l'on m'eut montré ces horribles chaînes et détaillé tous les raffinements inutiles de cruauté dont on s'était servi, il se souleva d'indignation, et je ne pus m'empêcher de prier pour ces pauvres condamnés, dont on avait fait de véritables martyrs.

[1] Le général de Malartic, qui commandait à Poitiers et qui avait fait sillonner la ville par ses patrouilles pendant tout le procès, *fut fait comte* (dit le duc de Bellune dans une lettre datée du 11 octobre 1822) *en témoignage du zèle, de l'activité et de la prévoyance avec lesquels il a dirigé le service de la place de Poitiers pendant le jugement du général Berton.*

M. Malartic accompagnait chaque jour les prisonniers jusqu'à leur cachot, ne voulant pas se départir une minute de la surveillance des accusés confiés à sa garde. La révolution de 1830 le trouva encore dans le poste qu'il occupait en 1822 à Poitiers. Il chercha, dit-on, à organiser la résistance dans cette ville avec le colonel du 5e chasseurs ; mais l'attitude de la population pendant les journées de Juillet déconcerta ses projets. Il fut immédiatement remplacé par le général baron Rossetti.

sous prétexte qu'étant militaire, un passeport civil ne lui suffisait pas pour voyager, et qu'il lui fallait une autorisation de ses chefs de corps.

Charles Berton revint donc à Paris sans avoir pu se procurer les documents qui pouvaient servir à appuyer le pourvoi de son père.

Berton mettait en avant dans son pourvoi, œuvre de MM. Isambert et Merilhou (XLVIII), l'inimitié des membres de la Cour et particulièrement du procureur général contre lui. « *Cette inimitié est prouvée par les insultes portées à mon malheur*, disait Berton, *et par les accusations de lâcheté tout à fait étrangères à l'accusation* [1]. *S'il n'a pas obéi à des haines personnelles, il a du moins saisi ce procès comme une occasion de montrer contre certains hommes toute la véhémence d'un acharnement, dont sans doute il espère quelque fruit. M. Mangin s'est même arrogé ce droit de contrôler mes pourvois et d'empêcher l'émission de ceux qui pouvaient lui être désagréables.* »

Le pourvoi des condamnés fut rejeté le 3 septembre 1822.

Lamartine affirme que des démarches furent tentées auprès du roi par la duchesse d'Angoulême et qu'elles eurent pour effet d'arracher quatre vic-

---

[1] Les enfants de Berton cherchèrent partout Mangin en 1830 pour venger sur lui la mort de leur père et les procédés indignes dont il s'était servi pour le faire condamner; mais le courageux procureur général de Poitiers avait disparu pour se rendre à l'étranger. Mangin mourut en 1835, à Paris, d'une affection charbonneuse, dernière ironie du destin qui faisait mourir de cette maladie l'ennemi acharné des carbonari.

times au bourreau (XLIX). L'historien poëte se trompe ; il n'y eut que deux commutations de peine : celles de Sénéchault et de Fradin ! Il fait également erreur lorsqu'il dit que Berton et Caffé furent seuls sacrifiés : il oublie de compter les infortunés Jaglin et Saugé [1] !

En ce qui concerne Berton, ces démarches étaient inutiles, Louis XVIII ayant formellement déclaré d'avance qu'il ne ferait pas grâce.

« C'est un malheureux de plus, aurait dit le roi,
» car il ne peut compter sur ma grâce...; mais je le
» plains. Sa tête était chaude, et les déclamations
» des libéraux l'ont exaltée. Il y a dans Paris, et la
» presse le veut ainsi, un certain nombre de grands
» faiseurs de phrases, qui se proclament les cham-
» pions de la liberté et n'ont pour la soutenir qu'une
» plume, inhabiles qu'ils sont à se servir d'une
» épée. Ils n'en font pas assez pour conspirer, mais
» ils en disent beaucoup trop pour ne pas faire
» naître l'idée des conspirations dans des esprits
» ardents et peu judicieux [2]. »

Il y avait du vrai dans ces paroles royales. Mais qui avait fait de Berton un rebelle, sinon le gouvernement du roi qui l'avait poursuivi injustement ?

Ces paroles sèches et ironiques de Louis XVIII, lorsqu'il s'agissait de faire couler le sang d'un valeureux général, prouvent bien l'égoïsme de ce

---

[1] *Histoire de la Restauration*, par Lamartine.
[2] Conversation de Louis XVIII rapportée par l'auteur des *Mémoires d'une femme de qualité*.

podagre lettré, qui n'avait aucune douceur dans le caractère, aucune bienveillance dans le cœur, et qui, sous l'influence cléricale de la comtesse du Chayla[1], avait abandonné la France à la Congrégation et aux émigrés.

Vaulabelle, dans son impartiale histoire de la Restauration, a tracé de ce prince un remarquable et fidèle portrait :

« On ne peut dire qu'il fut humain. Lui appliquer
» le nom d'impitoyable serait injuste ; il était indif-
» férent. Soumis aux avis de ses conseillers, il
» laissait faire, et sa main signait une lettre de grâce
» avec la même insouciance et la même facilité
» qu'un ordre de supplice. »

M. Jules Richard, dans son Histoire du département des Deux-Sèvres[2], affirme que la haute vente

---

[1] C'est l'*Octavie* de la chanson de Béranger.
C'est à cette femme de mœurs douteuses, mais toute dévouée aux jésuites, que s'adressent ces strophes mordantes :

> Sur les coussins où la douleur l'enchaîne,
> Quel mal, dis-tu, vous fait ce roi des rois ?
> Vois-le d'un masque enjoliver sa haine,
> Pour étouffer notre gloire et nos lois.

> Vois ce cœur faux que cherchent tes caresses
> De tous les siens n'aimer que ses aïeux,
> Charger de fers les muses vengeresses,
> Et par ses mœurs nous révéler ses dieux.

> Peins-nous ses feux qu'en secret tu redoutes
> Quand sur ton sein il cuve son nectar,
> Ses feux infects dont s'indignent les voûtes
> Où plane encor l'aigle du grand César.

> Ton sexe faible est oublieux des crimes ;
> Mais, dans ces murs ouverts à tant de peurs,
> N'entends-tu pas des ombres de victimes
> Mêler leurs cris à tes soupirs trompeurs ?

[2] *Histoire du département des Deux-Sèvres sous les règnes de Louis XVIII et de Charles X*, formant la seconde partie du

résolut de sauver Berton, en achetant du geôlier son évasion à force d'argent. M. Alexandre Chevallon, qui fut représentant des Deux-Sèvres à la seconde Constituante, serait venu, dit cet historien, à Poitiers, accompagné d'un officier de l'ancien 132º régiment, et serait descendu chez M. Philippe Vaillant. M. Chevallon, à peine âgé de 24 ans, joignait à une vive intelligence beaucoup de sangfroid. Le général La Fayette l'affectionnait, et il était le secrétaire particulier de Manuel. On lui confia un véritable trésor en billets de banque ou en lettres de créance. Muni d'un passeport qui n'était pas le sien, mais celui de M. O. Tonnet, son ami, il échappa à toutes les recherches des agents de la sûreté, s'approcha du gardien de la Visitation, l'éblouit, le séduisit, et le départ du prisonnier et du geôlier était chose arrangée, lorsque celui-ci en fit confidence à sa femme. Elle fut prise de terreur et maintint son mari dans l'inflexible devoir. Tout échoua[1].

Avis du rejet du pourvoi fut transmis par estafette à Poitiers. Il arriva dans la nuit du 4 au 5 octobre.

A sept heures du matin, le 5, Berton et Caffé entendirent la lecture de leur arrêt. Dès les premiers mots, Berton dit au greffier : « *C'est bon, en voilà assez !* »

---

tome II d'une *Histoire de l'administration supérieure du département des Deux-Sèvres depuis 1790 jusqu'à la révolution de 1830*, par Jules Richard, avocat, représentant à la Constituante de 1848 et un des secrétaires de cette assemblée. (Niort, 1846 et 1848; Saint-Maixent, 1864.)

[1] Il m'a été impossible de découvrir aucun document ayant

Berton fut ensuite livré à l'exécuteur, qui coupa le col de son habit et lui rasa les cheveux derrière la tête.

A onze heures, le général fut dirigé vers une salle où l'attendaient deux missionnaires. « Dispensez-vous de m'accompagner, Messieurs, leur dit-il, je sais aussi bien que vous tout ce que vous pourrez me dire ; je n'ai pas besoin de votre ministère. »

A onze heures un quart, on fit monter Berton sur une petite charrette découverte. Un missionnaire se plaça à sa droite, un autre à sa gauche. Le bourreau se mit derrière lui, afin de l'empêcher d'être renversé par les secousses de la voiture, car il avait les mains liées derrière le dos. La gendarmerie et de forts détachements d'infanterie et de cavalerie formaient l'escorte.

Le lugubre cortége partit de la prison de la Visitation pour se rendre sur la place du Pilori, où l'échafaud avait été dressé. Les missionnaires, ne pouvant obtenir pendant le trajet aucune réponse de Berton, cessèrent de lui adresser la parole jusqu'au lieu de l'exécution.

La victime, qui était d'une taille élevée, les dominait sur la charrette ; elle promenait sur la foule un regard calme, elle souriait à l'éternité.

trait à cette tentative d'évasion. Peut-être M. Jules Richard tenait-il ces renseignements de M. Chevallon lui-même ?

Il existe aux archives nationales une lettre de M. le ministre de l'intérieur au préfet de la Vienne, en date du 20 juin 1822, lui recommandant de prendre les plus grandes précautions pour empêcher toute évasion et de seconder de la manière la plus complète l'action de l'autorité judiciaire, afin que *l'attente de la justice et du public dans cette importante affaire ne soit pas trompée.*

Arrivé sur le lieu du supplice, Berton monta gravement les degrés de l'échafaud, et, d'une voix retentissante, poussa ces cris, dont l'écho se répercutera longtemps dans toute âme patriotique : *Vive la liberté ! vive la France !*

A onze heures quarante-cinq minutes, la tête de Berton roulait dans le hideux panier réservé aux assassins (L).

Le matin de l'exécution, Caffé, après avoir entendu son arrêt de mort, demanda un prêtre. Il ne s'était pas levé depuis la veille, car il était malade, et, tout en conversant avec le ministre de la religion, il s'ouvrit l'artère crurale avec un instrument de chirurgie qu'il était parvenu à dissimuler aux regards de ses geôliers.

Le prêtre voit les yeux de Caffé se voiler, il entend le râle de l'agonie, il relève la couverture.... et pousse un cri de terreur en l'apercevant baignant dans le sang sur la paille où il était couché. On accourt, mais la mort avait déjà délivré ce malheureux de la honte de l'échafaud.

Cette fin stoïque avait enlevé au bourreau une de ses victimes (L et LI).

Le lendemain de l'exécution de Berton, un lugubre cortége prit la route de Thouars. C'étaient Saugé et Jaglin que l'on transférait dans cette ville sous bonne escorte.

Le 7, ces deux malheureux arrivèrent à Thouars vers onze heures du matin, et à midi leurs têtes tombaient sur la place Saint-Médard (LII). Personne n'assistait à cette exécution ; toutes les fenêtres étaient fermées, les rues étaient désertes..., la ville était en deuil..., deux de ses habitants venaient de conquérir les palmes du martyre. Saugé avait 56 ans (LIII), Jaglin n'était âgé que de 31 ans. Ils moururent courageusement (LIV).

L'insuffisant historien de Thouars, M. Berthe de Bourniseaux, termine le récit qu'il fit de la conspiration de Berton, dans son histoire, en disant que Saugé cria en mourant *vive la République* [1] *!* et Jaglin *vive le Roi !*

Ce dernier avait toujours été fidèle sujet du roi, et son dévouement était attesté par de nombreux témoins [2].

Pauvre Jaglin ! pouvait-il savoir, en effet, pour ou contre qui il mourait..., lui auquel on avait confié le drapeau tricolore uniquement parce qu'il était robuste et de haute taille !

Victime inconsciente d'une implacable fatalité, c'est lui surtout que je plains. Que du moins ce sang innocent répandu sur le sol thouarsais serve à y faire épanouir, ô mes chers concitoyens, cette fleur sainte, la liberté ! C'est une semence féconde, et nous devons pieusement transmettre à nos enfants la mémoire de ces deux martyrs.

---

[1] Saugé, quelques instants avant de monter sur l'échafaud, dit à ses enfants : « Votre père meurt pour la liberté ; un jour il sera vengé, car elle doit vaincre tôt ou tard. »

[2] Un certain marquis de Senonnes, entre autres, faisait les plus grands éloges du dévouement à la cause royaliste de Jaglin, un de ses *ci-devant vassaux*, écrit-il. La lettre est datée de 1822.

Les fils du général Berton n'eurent même pas la consolation d'embrasser leur père. Partis de Paris aussitôt après le rejet du pourvoi, ils n'arrivèrent à Poitiers que le lendemain de l'exécution [1].

On leur refusa, par une inutile persécution d'outre-tombe, la permission de faire placer une pierre à l'endroit où furent inhumés les restes de leur père (LV).

Cette tombe, érigée par eux en 1830, se trouve au cimetière de l'Hôpital-des-Champs, à Poitiers, et porte cette simple inscription :

MORT POUR LA LIBERTÉ.
HOMMAGE DE PIÉTÉ FILIALE.

Après l'exécution, on fit parvenir de plusieurs points de la France, à Mangin, de petites guillotines.

Des menaces de mort lui furent adressées pendant et après les débats ; l'une d'elles portait en tête

---

[1] « A M. le baron Locard, préfet de la Vienne.

» M. LE PRÉFET,

» J'étais accouru à Poitiers pour jouir encore une fois des embrassements de mon malheureux père : il n'était plus temps !

» J'ose vous supplier de vouloir bien donner des ordres pour qu'on me remette les différents objets que M. l'abbé Lambert a bien voulu vous confier; ils seront sacrés pour mon souvenir.

» Malade et repartant cette nuit, je suis contraint de vous écrire à la hâte, mais j'aime à compter sur votre indulgence.

» Je suis, etc.

» Le 6 octobre 1822.   » CH. BERTON. »

(Inédite.)

le numéro 123 en gros chiffres. Au dessous se trouvait un trophée composé de trois épées enlacées par un ruban tricolore ; sur chacune de ces épées se lisaient les mots : *Carita, Speranza, Fide ;* le tout était orné d'une tête de mort placée sur deux os en croix. La lettre était ainsi conçue :

« Trois fois malheur aux assassins !!!

» Monsieur le Procureur général de Poitiers,

» Votre tête nous répondra de celle du général
» Berton. Le sang du brave retombera sur ceux qui
» l'auront fait couler. Partout présent et partout
» invisible, le bras puissant des vengeurs du crime
» atteindra, quels qu'ils soient, les meurtriers du
» héros qui, vingt ans, combattit pour la patrie.

» Que les bourreaux tremblent ! le jour de la ven-
» geance approche. »

Au bas de la page se trouvaient une épée flamboyante accompagnée de signes maçonniques et les mots Mucius — Brutus — Cassius [1].

Si j'ai eu de dures paroles pour Mangin, il est juste aussi de stigmatiser le zèle ardent du préfet de la Vienne d'alors, le baron Locard. Cependant il y a à faire cette distinction : si le zèle politique est naturel de la part d'un préfet, il est odieux de la part d'un magistrat.

Il nous reste encore à dire quelques mots au sujet

[1] Archives nationales.

d'une polémique singulière qui s'engagea après la mort de Berton. Il était notoire que le général avait refusé les secours de la religion... Or cela contrariait la Congrégation, qui voulait bien qu'on tuât les gens, mais qui n'admettait pas qu'on pût mourir sans les sacrements.

Le *Journal des Débats* du 19 octobre 1822 contenait ce qui suit : « En rendant compte de l'exé-
» cution du général Berton, sur la foi d'un journal
» du soir, nous avons commis une erreur bien
» involontaire, que nous nous félicitons d'avoir
» aujourd'hui à réparer. Berton est mort en chré-
» tien. Il est faux qu'il ait adressé aucunes paroles
» désobligeantes aux deux respectables ecclésias-
» tiques qui l'ont assisté dans ses derniers moments.
» La lettre suivante, que nous recevons à l'instant,
» donne un démenti formel aux assertions que nous
» avions copiées.

» Le caractère de celui qui nous l'adresse en
» établit suffisamment l'authenticité. »

« *Au rédacteur.....*

» Poitiers, le 15 octobre 1822.

» Monsieur,

» J'ai eu pendant un mois de fréquents entre-
» tiens avec le général Berton. Il n'a jamais refusé
» les secours de la religion. Il me promettait de
» remplir tous les devoirs qu'elle impose, si son

» arrêt de mort était confirmé par la Cour de cas-
» sation. Le jour de l'exécution de Berton, je me
» rendis de grand matin à la prison avec M. Bau-
» doin, prêtre missionnaire. Je lui exposai la né-
» cessité du sacrement de pénitence, et lui rappelai
» la promesse qu'il m'avait faite si souvent de
» mourir en chrétien.

» Il m'écouta en silence, m'embrassa et accepta
» le confesseur que je lui présentai.

» Berton s'est confessé deux fois avant son
» départ de la prison. Lorsque le moment de mar-
» cher à la mort fut arrivé, Berton devint d'une
» faiblesse extrême ; la pâleur de son visage, l'alté-
» ration de tous ses traits le rendaient méconnais-
» sable. J'ai accompagné le général jusqu'à l'é-
» chafaud avec M. Baudoin. Il ne nous a point dit
» de le laisser tranquille, ni aucune parole désobli-
» geante.

» Je suis....

» LAMBERT,

» Vicaire général de Poitiers. »

Quelques jours après, paraissait dans le *Courrier français* la lettre suivante :

« Monsieur, c'est avec un profond étonnement
» que nous avons vu dans le *Journal des Débats* de
» ce jour la lettre de M. l'abbé Lambert, vicaire gé-
» néral de Poitiers.

» Nous concevons aisément que M. le vicaire gé-
» néral cherche à donner à son zèle tout l'éclat et

» toute la publicité possibles ; mais il est une dou-
» leur légitime qu'il aurait dû respecter, et il nous
» semble qu'il y a bien peu de charité chrétienne
» dans la phrase de sa lettre qui tend, en démentant
» la voix publique, à faire croire que le général
» Berton a montré *une faiblesse extrême*, et à flétrir
» ainsi les derniers moments de notre infortuné
» père.

» Dans cette circonstance, il ne reste pas même à
» M. le vicaire général l'excuse de ne point nous
» connaître, lui qui nous écrivit à Poitiers, le 6 oc-
» tobre, qu'il faisait des vœux pour que la justice
» des hommes ne fît point retomber tôt ou tard les
» fautes du père sur la tête des fils.

» Agréez...

» A. Berton. — Ch. Berton.

» Paris, 19 octobre 1822. »

Berton fut jugé, non d'après ce qu'il avait fait, mais d'après ce qu'on craignait qu'il ne pût faire..., et l'arrêt de mort prononcé contre lui est presque aussi inique que le jugement qui infligea la peine capitale à ce gentilhomme français qui avait eu la pensée de tuer Henri III.

Ce n'est pas par la violence des lois qui font un crime d'État d'une parole, d'un geste, d'une pensée même, qu'un gouvernement affermit son autorité et parvient à calmer l'agitation des esprits. Berton fut un patriote qu'égarèrent d'ardentes convictions, ainsi que le désir d'en finir avec les incessantes persécutions dont il était l'objet.

Son échauffourée, dans laquelle pas un acte de violence ne fut commis, où personne ne songea à faire usage d'armes que l'on n'avait prises que *parce qu'il fallait bien avoir quelque chose dans les mains*, et où pas une goutte de sang ne fut versée, méritait-elle d'être punie aussi implacablement?

Frappé d'une peine proportionnée à sa faute, et par conséquent minime, Berton n'eût été qu'un conspirateur ridicule; tandis que l'exagération dans la répression a fait presque de lui un martyr?

Ce n'est cependant pas l'apothéose qui convient à sa mémoire... Je ne demande que des larmes pour cette grande infortune... Que le nom de Berton reste gravé dans le cœur des amis de la liberté; c'est celui d'un homme qui, malgré ses erreurs, est encore resté digne du respect des honnêtes gens.

Que le parti qui a fait tomber cette tête veuille bien descendre en lui-même, et qu'il médite sur cette question, qui contient dans son rapprochement avec le sujet qui nous occupe un grand enseignement pour les différents partis :

Faisiez-vous autre chose, émigrés de Coblentz, soldats de l'armée de Condé, volontaires de la Vendée et de Quiberon, lorsque vous preniez les armes contre le gouvernement de fait de votre pays? La main de Berton est restée pure de votre sang... La vôtre n'a-t-elle pas été rougie, au contraire, du sang de vos frères?

Berton a publié les ouvrages suivants :

1° *Précis historique, militaire et critique des batailles de Fleurus et de Waterloo, dans les campagnes de Flandre en juin 1815, de leurs manœuvres caractéristiques et des mouvements qui les ont précédées et suivies, avec une carte pour l'intelligence des marches.* (Paris, Delaunay, 1818. In-8°. — Prix : 2 fr.)

2° *Commentaire sur l'ouvrage en dix-huit chapitres, précédé d'un avant-propos, de M. le général Tarayre,* intitulé : *De la Force des gouvernements.* (Paris, Delaunay, 1819. In-8°. — Prix : 3 fr.)

3° *Considérations sur la police, observations touchant les bruits qu'elle répand, précédées d'une lettre à M. le baron Mounier, directeur général de la police du royaume.* (Paris, Denugon, 1820. Broch. in-8°.)

4° *Lettre sur la mort de Napoléon.* Sixième édition, augmentée d'un extrait du *Budget du baron Mounier sous l'Empire*, et d'un extrait du *Morning Chronicle* du 21 juillet 1821. (Paris, imp. de Dupont, 1821. Broch. in-8° de 12 pages.)

5° Le général Berton a enfin collaboré à la *Minerve française*, aux *Annales des faits et sciences militaires*, et aux *Victoires et Conquêtes des Français depuis 1789*.

Berton aurait également, d'après Laumier[1], publié une *Réfutation de la stratégie du prince Eugène.*

---

[1] *Relation circonstanciée de l'affaire de Thouars et de Saumur, précédée d'une Notice biographique sur le général Berton,* par Charles Laumier. — Paris, librairie nationale, au Palais-Royal et chez Plancher. Brochure in-8°, 1822.

V.

LE COMITÉ DIRECTEUR.

> « Quel triste avenir pour notre pays, si
> les bons Français ne reprennent pas cou-
> rage partout, s'ils se laissent atterrer par
> les élections contre-révolutionnaires, si
> les hommes faibles ne se dégoûtent pas
> enfin de la bascule et des transactions ! »
>
> (*Lettre inédite* de MANUEL,
> du 20 novembre 1823.)

Il me reste à parler de certains incidents qui se produisirent postérieurement au procès du général Berton, et auxquels se rattachent des documents inédits émanés de Manuel, Laffitte, Benjamin Constant et du général Demarçay.

Le procureur général Mangin avait formellement désigné, dans son acte d'accusation, ces honorables députés comme chefs occultes de la conspiration, avec d'Argenson, Kératry, et les généraux Foy et La Fayette.

Évidemment, un certain nombre de ces chefs de l'opposition devaient être au courant des projets conçus par les hommes d'action de leur parti ; mais cependant aucune preuve n'en a été donnée. Les

Markangy ¹ et les Mangin se sont livrés à trop de recherches sur ce point pour qu'il soit possible d'admettre qu'ils auraient gardé le silence si leurs efforts eussent été couronnés de succès.

L'acte d'accusation, rédigé par Mangin, était fait avec peu de discernement, malgré les éloges que lui décerna M. de Peyronnet (LVI). Il impliquait, en effet, le général Foy, Benjamin Constant, Lafitte, le général Demarçay, alors qu'il était de toute évidence que ces hommes honorables étaient absolument étrangers aux agitations de leur parti. Le général Foy avait trop d'élévation dans le caractère, trop de désintéressement dans le cœur, trop de fermeté de principes pour se laisser aller aussi loin.

Louis XVIII le tenait en si haute estime qu'il voulut le faire entrer au ministère.

« Je ne puis, répondit fièrement Foy, me réunir

---

¹ Markangy, dans le procès des quatre sergents de la Rochelle, avait formulé les plus terribles accusations contre les libéraux. D'une ambition démesurée, il lui fallait de grandes victimes. « Ce sont, disait-il en parlant des quatre accusés, les enfants
» perdus du parti; mais ceux qui les poussent, quand la police
» les amènera-t-elle sur le banc des accusés? C'est alors qu'il y
» aurait quelque gloire à défendre la monarchie contre les com-
» plots de ses ennemis. Alors peut-être aussi *notre zèle* serait-il
» suivi de quelque succès. Mais on va chercher les conspira-
» teurs dans les chaumières, tandis qu'avec un peu plus de har-
» diesse on pourrait les surprendre dans les palais. »
« Brave homme, dit Louis XVIII, auquel ces paroles furent
» rapportées, quelle ardeur d'ambition, et quelle joie s'il pou-
» vait rencontrer quelque grand nom impliqué dans une cons-
» piration bien ridicule! »
« Ah! si j'étais compétent!... » s'écriait à son tour Mangin en parlant des députés libéraux dont il citait les noms dans son acte d'accusation.

à des hommes dont je désapprouve les principes politiques.

— Mais, lui fut-il objecté, le roi ne peut cependant pas composer un ministère tout libéral?

— Pourquoi veut-il alors faire entrer un libéral dans un ministère qui ne l'est pas? Mes collègues renonceront-ils à leur parti pour suivre le mien? Faudra-t-il, au contraire, que je trahisse mes opinions? »

Le général Demarçay, que l'on faisait surveiller par la police, n'était pas davantage au nombre des conspirateurs. Esprit libéral, patriote convaincu, il s'était laissé quelquefois entraîner à la tribune à des vivacités de langage, qui devaient attirer sur lui les soupçons; mais c'était tout (LVII).

Benjamin Constant et Laffitte [1] protestèrent énergiquement contre l'accusation dirigée sournoisement contre eux; et, après avoir vainement demandé que Mangin fût appelé à la barre de l'Assemblée [2], ils durent se borner à déposer une plainte en diffamation, qui ne devait pas aboutir davantage.

La Cour de cassation, en effet, décida qu'il n'y avait pas lieu à poursuites, tout en déclarant dans

---

[1] Laffitte avait pendant les Cent-Jours plusieurs millions en dépôt appartenant au roi et à la famille royale, et il fit passer à Gand ces fonds au roi et à la duchesse d'Angoulême.
On le récompensa de ce service rendu, en insinuant plus tard qu'il était un conspirateur.

[2] Ce fut M. de Saint-Aulaire qui fit cette demande à l'Assemblée. Cette proposition fut combattue par le ministère et repoussée par la question préalable dans la séance du 5 août 1822 (*Moniteur* du 8 août) [LIX].

un considérant *que l'on pouvait juger peu mesurées les expressions du procureur général de Poitiers* [1] (LIX).

Manuel ne se préoccupa pas personnellement de l'issue du procès, et les seules démarches qu'il crut devoir faire eurent pour but l'intérêt de son ami Jacques Laffitte (LX).

D'Argenson, dont les opinions libérales étaient bien connues, n'était pas davantage compromis dans la conspiration de Thouars et Saumur. Il en était de même du général La Fayette, malgré les affirmations de Mangin qui déclarait que *cela était prouvé contre ce député* [2].

Les diverses lettres qui figurent aux PIÈCES JUSTIFICATIVES me paraissent être la justification la plus éclatante de la conduite de ces grands patriotes (LXI).

La seule présomption qu'on puisse relever contre La Fayette résulte de ces nobles paroles prononcées par lui, lorsqu'il accepta la direction du mouvement de Belfort :

« *Il me semble que je couronnerais dignement ma vie en montant sur l'échafaud, combattant victime et martyr de la liberté* [3]. »

---

[1] *Biographie universelle* de Michaud (art. Berton, t. VI, p. 174).
[2] Prouvé par un propos d'un accusé contumace, rapporté par un accusé anonyme.
[3] Louis Blanc, dans son *Histoire de dix ans*, prétend même que La Fayette n'entra dans la haute vente de Paris qu'après le mouvement insurrectionnel de Thouars, et seulement à l'époque des discussions qui eurent lieu à la Chambre à l'occasion de l'acte d'accusation de Mangin dans l'affaire Berton.

Lamartine a de dures paroles pour La Fayette. Elles contiennent un grand enseignement qu'il convient de méditer [1] :

« Cette hypocrisie de légalité et d'innocence, que
» les principaux membres de ces conspirations oc-
» cultes affectaient à la face du gouvernement de la
» France et de la postérité, corrompait la cons-
» cience de la jeunesse libérale et la liberté même.
» La plupart de ceux qui trempèrent dans ces sourdes
» machinations de sectes souterraines y contrac-
» tèrent des habitudes de dissimulation, de patrio-
» tisme soumis, de pensées à l'ombre, de duplicité
» d'opinion, d'audaces couvertes et d'apostasies
» publiques qui sont le contraire du civisme.

» La liberté, qui est une vertu, veut être servie
» par des vertus et non par des vices.

» M. de La Fayette et les autres chefs des ventes
» de Paris, dont l'histoire nous révèle aujourd'hui
» les trames, agitaient stérilement leur patrie, en
» cachant la main qui remuait les sectaires.

» Ils la dépravaient à leur insu en apprenant à la
» vérité et à la vertu les ténèbres, les manœuvres,
» les pratiques du mensonge et du crime. Ils creu-
» saient de leurs propres mains les catacombes où
» des conjurés plus pervers et plus radicaux devaient
» ensevelir leurs trames contre la liberté elle-même.
» Ils formaient les cadres, ils recrutaient les camps
» des conspirations, ces crimes et ces lâchetés des
» gouvernements libres.

[1] *Histoire de la Restauration.*

» Ils accusaient les jésuites de dissimuler, de
» faire de la plus sainte des choses humaines, la
» religion, une œuvre de ténèbres, une conspira-
» tion de Dieu, et ils faisaient eux-mêmes de la
» liberté une secte de zélateurs de l'humanité, une
» conspiration de coupables se défendant de leur
» pensée comme d'un crime. Ce n'est pas ainsi
» qu'on sert Dieu, ce n'est pas ainsi qu'on sert les
» hommes.

» La liberté et la moralité publique, en France,
» expient encore et expieront longtemps cette erreur
» de M. de La Fayette, des bonapartistes, des libé-
» raux de l'opposition de ce temps. »

Cette appréciation paraîtra cruelle à ceux qui liront la lettre inédite du général La Fayette qui figure aux PIÈCES JUSTIFICATIVES sous le n° II [1].

Ces grands enseignements n'ont point été perdus pour le pays.

Disons hautement, à l'honneur de la nation française, qu'elle prend aujourd'hui bien plus volontiers les voies qui lui sont ouvertes pour arriver à la liberté par les transactions, l'esprit de conciliation et de tolérance, que celles qui pourraient l'y conduire par la violence, les émeutes et les conspirations.

---

[1] Je possède une lettre, en date du 5 novembre 1818, de Richou, ancien CONVENTIONNEL, et qui fut maire de Thouars, dans laquelle La Fayette est apprécié de la manière suivante : « *Je ne sais pourquoi on a tant peur de cet homme-là... On dit qu'il est républicain, je ne puis le croire, parce qu'il n'est pas un imbécile.* »

PIÈCES JUSTIFICATIVES.

Tous les documents qui suivent sont inédits, à l'exception de quelques pièces empruntées à l'Éloge de Mangin par M. Roy de Pierrefitte *(Discours prononcé le 3 novembre 1866, à la rentrée de la Cour impériale de Metz, par M. Roy de Pierrefitte, avocat général* — NOTICE SUR CHARLES MANGIN. Metz, typ. Nouvian, 1866). — Un certain nombre de documents curieux et inédits se trouvent consignés dans cette notice peu connue. J'en ai reproduit quelques-uns. Ces renseignements, ainsi que le déclare M. Roy de Pierrefitte, lui ont été communiqués par les enfants mêmes de Mangin.

Ceux provenant des Archives nationales font partie d'un volumineux dossier versé par le ministère de l'intérieur et classé sous la cote : F 7, 6672, 4-30-35.

Il existe en outre aux Archives nationales, provenant du ministère de la justice, un dossier composé de dix-sept pièces sans importance (dossiers criminels, 643, A 6, année 1822).

Certains documents nous ont été communiqués aux archives départementales de la Vienne; d'autres proviennent du dossier de la procédure conservé au greffe de la Cour d'assises du département de la Vienne; quelques-uns sont la propriété de M. Bonsergent, de Poitiers; enfin, ceux dont la provenance n'est pas indiquée appartiennent à l'auteur.

I.

A Monsieur Leidet, *conseiller à la Cour royale, en son hôtel, à Poitiers* (département de la Vienne.)

Paris, le 17 juillet 1814.

Mon cher conseiller,

Oui, je conviens avec vous que nos Bourbons sont de braves gens, de dignes successeurs des saint Louis, des Louis XII, des Henri IV, etc.; que notre bon roi surpasse encore tous ses aïeux par sa bonté pour ses peuples, par son amour pour le bien ; et je le dis *sans être orfèvre*. Depuis que je l'ai vu, que je l'ai entendu, mon admiration est devenue enthousiasme. Faisons des vœux pour sa conservation, pour la durée de son gouvernement, et surtout pour son entière indépendance de tous ces conseillers qui, moins bons, moins généreux que lui, ne cessent de l'obséder, lui peignent l'esprit de la nation sous de fausses couleurs, cherchent à égarer le sien, et voudraient l'associer à leurs vengeances, en lui faisant partager leurs passions. Tant qu'il gouvernera par lui-même, qu'il n'écoutera que son cœur, il sera le roi bien-aimé des Français ; s'il s'abandonnait aux conseils perfides qu'on veut lui donner, il ne serait bientôt plus que le chef d'un parti, dont le petit nombre et les prétentions insensées ne peuvent qu'exciter le mépris de la nation ; mais il n'en sera point ainsi : notre digne monarque, bien convaincu de l'amour que lui portent tous ses sujets, bien pénétré de ses devoirs envers un aussi bon peuple, bien certain que ce n'est à telle ni telle classe qu'il doit son heureux retour parmi nous, mais bien à l'assentiment universel, notre bon roi, dis-je, tiendra la balance égale pour tous les partis ; comme un bon père de famille, il aimera tous ses enfants, et, par sa fermeté et sa justice, il saura nous préserver d'une nouvelle révolution, à laquelle beaucoup d'esprits inquiets travaillent sciemment, et beaucoup d'autres sans s'en douter.

Chevalier DE MALEVILLE [1].

La lettre inédite très-curieuse dont nous donnons ici un extrait fait partie de la collection d'autographes de M. Bonsergent, de Poitiers.

II.

Lagrange, 21 novembre 1818.

Ce n'est qu'aujourd'hui, mon cher Charles, que je reçois votre lettre du 16, et je m'empresse de vous en exprimer ma vive et profonde reconnaissance pour vous et vos jeunes amis. Je suis aussi touché que flatté de leurs sentiments et des vôtres. J'attache un prix tout

---

[1] Joseph de Maleville, né en 1778, sous-préfet de Sarlat de 1804 à 1811, député en 1815, président à la Cour de Paris, puis conseiller à la Cour de cassation; mort en 1832.

Il se signala à la Chambre des députés par son royalisme. La lettre ci-dessus est en effet l'œuvre d'un royaliste convaincu, mais éclairé. Que de fautes, on pourrait dire que de crimes, Louis XVIII se fût épargnés s'il avait toujours choisi pour conseillers de semblables hommes !

particulier à vous en voir l'interprète. C'est avec un grand plaisir que j'aime à reconnaître la supériorité de votre génération sur la nôtre : nos jeunes patriotes ont au moins autant d'énergie que ceux de 89 ; ils ont plus de lumières et de raison. En vain a-t-on fait de plusieurs côtés tout ce qui pouvait détourner la révolution de ses vrais principes et de son impulsion primitive : nous voici, au bout de trente ans, voulant la liberté comme au 14 juillet, et la connaissant mieux. Il est bien aimable à mes jeunes concitoyens de se complaire à retrouver, parmi les organes de cette volonté, de vieux vétérans tels que moi. Si le gouvernement sait discerner ses propres intérêts, il saisira le moment du départ des étrangers pour aller au-devant des institutions libérales : rien alors ne sera plus facile ; dans le cas contraire, nous les aurons aussi ces institutions, mais il faudra plus de travail et de temps. Il est bien doux pour ceux qui les demandent de penser qu'ils sont appuyés par les vœux et l'approbation d'une immense majorité nationale ; et si j'ai eu quelques occasions d'exercer mon zèle pour notre grande cause, je me sens bien récompensé surtout par cette bienveillance de notre excellente jeunesse, à laquelle je réponds par tous les sentiments de la gratitude et de l'affection. Offrez-en l'expression, je vous prie, à vos amis, et recevez les uns et les autres des vœux aussi sincères que mon sensible et reconnaissant attachement.

LA FAYETTE.

J'attends tous les jours ici d'Argenson pour aller avec lui commencer notre campagne politique. M. Marchand et mon fils, qui sont à Lagrange, me chargent de toutes leurs amitiés pour vous.

A Monsieur Charles PONTOIS, *avocat au barreau de Poitiers.*

III.

Paris, le 15 juin 1816.

A Monsieur Pontois, *directeur du collége à Thouars.*

Monsieur,

Mes enfants, MM. Richou et Dubord m'ont fait connaître les bontés que vous avez pour mes enfants ; ils avaient perdu un second père dans M. Mouchet : j'espère qu'ils le retrouveront en vous, et que par leur application et leur docilité ils sauront vous satisfaire.

Veuillez, Monsieur, me faire passer la note de ce que je vous dois, afin que je prenne de suite le moyen de vous en faire passer le montant.

J'ai cru devoir préférer mettre mes enfants en province qu'à Paris, parce qu'ici ils s'occupent trop d'affaires publiques et de choses étrangères à l'éducation ; enfin, à Paris les enfants se forment déjà une opinion politique, chose qui ne doit pas les occuper.

Je vous prie, Monsieur, d'agréer l'assurance de ma considération la plus distinguée.

Le maréchal de camp,
BERTON.

Cette lettre était adressée au grand-père de l'auteur, qui fut, après M. Mouchet, principal du collége de Thouars.

IV.

Du secret absolu de la prison de Nantes,
le 19 avril 1822.

A Monsieur D'HAVELOOSE, *juge d'instruction
à Nantes.*

Monsieur le juge d'instruction,

Malgré le *secret absolu* auquel je suis soumis d'après votre ordre, depuis le 30 mars dernier, et les souffrances que j'en éprouve, je crois me rappeler la dernière lettre que j'ai écrite à M. le général Berton, et dont je vous parlais dans la lettre que je vous ai adressée le 27 mars ; je vous la transcris ci-incluse.

« Paris, le 18 juillet 1821.

» *A Monsieur le général* BERTON, *à Paris.*

» Mon général,

» Il appartient à l'armée comme à tous les Français de
» réclamer, pour leur rendre un dernier devoir, les dé-
» pouilles mortelles du héros qui, par son génie, s'éleva
» jusqu'à la souveraineté et régna sur la France. Une
» terre française doit couvrir les restes inanimés de l'em-
» pereur Napoléon.

» La gloire de nos armes, portée par lui chez les peu-
» ples divers, a fixé son nom au temple de Mémoire.

» Qu'un maréchal de France, au nom de l'armée, élève
» sa voix pour demander cette translation.

» Il est mort !

» Un soldat tel que lui put justement prétendre à gou-
» verner l'État ; il l'avait su défendre.

» J'ai l'honneur de vous offrir, mon général, l'hom-
» mage de mon respect.

» *Signé :* Jules-L. ALIX.

» *P. S.* — L'armée pourrait s'adresser au vainqueur
» de Fleurus. »

En la lui portant moi-même, il m'observa verbalement, et en me remettant la septième édition d'une lettre qu'il avait écrite à M. le baron Mounier, alors directeur général de la police du royaume, que l'on s'occupait d'une pétition pour cet objet à la Chambre des députés.

Effectivement, peu de jours après, M. le général Berton me donna un exemplaire d'une pétition à la Chambre pour demander cette translation. Elle était signée du baron Gourgaud, du colonel Fabviers, de M. Cossin, de Nantes, etc.

Il y a aujourd'hui plus de vingt jours, Monsieur le juge d'instruction, que, par votre ordonnance d'exécution, je suis au *secret absolu* et privé de nouvelles de ma famille, qui, n'en ayant pas non plus de moi, doit être dans une situation horrible.

Il y a aujourd'hui *quarante-cinq* jours que je suis en prison, et, pour un homme innocent qui demande des juges, une longue attente pour la comparution devant un tribunal est ainsi bien péniblement sentie. Pour l'homme qui souffre, la justice, dans ses formes, marche lentement.

J'ai l'honneur, Monsieur le juge d'instruction, de vous saluer.

Jules-L. ALIX,

Chevalier de la Légion-d'Honneur, ex-colonel d'état-major, détenu *au secret absolu* à Nantes.

(Greffe de la Cour d'assises du département de la Vienne.)

V.

Bulletin du corps aux ordres du général Berton.

(Trouvé dans les papiers du colonel Alix.)

Le général Berton, ayant déployé à Thouars le drapeau tricolore, est parti de cette ville le 24 février, à la tête d'un corps principalement composé de propriétaires de Thouars et communes environnantes. Son avant-garde était composée de plusieurs brigades de gendarmerie qui se sont rangées sous le drapeau national.

On a envoyé à sa rencontre l'École d'équitation. Le général a formé sa troupe; la cavalerie de l'École a reconnu dans l'état-major le brave lieutenant Delong; elle s'est repliée sur Saumur et a été suivie par le corps de Berton, qui, ayant passé le pont de Thouet, s'est présenté aux portes de la ville. Le maire est allé au-devant de lui, le conjurant de ne pas y entrer; le général y a consenti, sous la condition qu'on fournirait des vivres à sa troupe, ce qui a été exécuté. On attend impatiemment de ses nouvelles.

La ville de Parthenay a aussi arboré le drapeau tricolore.

Ne mutetur.

P. D'HAVELOOSE.   Baron BERNARD,
RICHARD.   1er président, juge d'instruction.
Jules ALIX.   GINOT, greffier.

(Greffe de la Cour d'assises du département de la Vienne.)

Extrait
des notes portées sur l'agenda de l'ex-colonel ALIX.

A Brest,
11 janvier,
Vu M. B...on et ces messieurs.
A Paris,
30 janvier,
Eté chez le général Berton.

Certifié conforme à l'agenda déposé au greffe de la police judiciaire de Nantes.

Au parquet, à Nantes, le 29 mars 1822.

Le procureur du roi,
BERNARD père.

(Greffe de la Cour d'assises du département de la Vienne.)

VI.

De la prison de Nantes, le 6 août 1822.

A Monsieur D'HAVELOOSE, *juge d'instruction à Nantes.*

Monsieur le juge d'instruction,

Moi en prison et au secret sur les soupçons d'un préfet ! moi en prison et au *secret absolu* par vengeance personnelle d'agents du pouvoir !... moi, depuis plus d'un mois, dans le séjour infect d'une prison et privé d'un air pur, sans qu'un motif légal me soit connu! moi qu'une vie honorable vient de voir finir son huitième lustre!...

Vous, hommes juges de vos semblables, faites cesser cette situation horrible et dégradante! Osez donc fonder une accusation et la lancer au jour!... Mais vous nagez dans le vague... Les rayons brûlants de la vérité vous jettent dans un tourbillon d'idées confuses... Vous êtes dans le néant.

Puisque vous avez pu, Monsieur le juge d'instruction, livrer à l'exécution d'un réquisitoire mon existence peut-être..., j'assume sur votre tête une grande responsabilité... Nous sommes tous mortels! Soumis, comme tous, aux infirmités humaines, je souffre, Monsieur, et ma famille aussi, qui est loin de moi...

Je suis en prison depuis plus d'un mois, Monsieur, et je suis le seul soutien d'une épouse et d'un enfant en bas âge qui sont à mon domicile, à Paris, et sans appui...

J'ai des obligations d'honneur à remplir; ma signature est en circulation, et peut-être en souffrance. Je ne puis toucher à Paris, conformément à la loi, mon traitement échu le 1er avril courant, qui m'est dû par le gouvernement.

Victime de tant d'ignominies, j'en signalerai sans ménagement les auteurs à l'opinion publique.

J'ai l'honneur, Monsieur le juge d'instruction, de vous saluer.

Jules ALIX,
Chevalier de la Légion-d'Honneur, ex-colonel
d'état-major, citoyen de Paris et y domicilié,
détenu et *au secret absolu* au Bouffai.

(Greffe de la Cour d'assises du département de la Vienne.)

VII.

1re *Déposition écrite de* Perinne TRIBOUDEAU, *femme* BOUCHER, *le 30 mars 1822, devant M.* Jean SALLE, *juge d'instruction au tribunal de première instance de Baugé.*

..... Nous ayant représenté la citation à elle donnée, etc.,

Et après avoir prêté serment de dire toute la vérité, et rien que la vérité, nous l'avons interrogée sur ses nom, prénoms, etc.

A répondu Perinne Triboudeau, âgée de 50 ans, épouse de Michel Boucher, cuisinière chez le sieur Caffé, docteur-médecin à Saumur, y demeurant, et a continué ainsi :

— Je n'ai aucune connaissance des troubles de Vernoil. J'en ai seulement entendu faiblement parler.

D. — Depuis quel temps êtes-vous au service de M. Caffé ?

R. — Je suis domestique du sieur Caffé depuis le 8 ou 9 janvier dernier. Sa maison se compose d'un enfant, de son épouse et de Mme Delabarbe, sa belle-mère. La dame Delabarbe fait ménage séparé dans ladite maison; elle est servie par deux domestiques particuliers, un garçon et une fille. Le garçon se nomme *Joseph Breton*, et la fille *Marie Haria*.

D. — Quelles personnes de Saumur et lieux environnants et plus éloignés fréquentaient, depuis le mois de janvier, époque de votre entrée, la maison dudit Caffé, et singulièrement les jours qui ont précédé et suivi le dimanche 24 du mois de février, dernier jour de l'attaque de Saumur par le général Berton ?

R. — Les personnes qui ont fréquenté depuis mon entrée la maison de Caffé sont les sieurs *Chauvet*, teinturier, *Gauchais*, chef de bataillon, retraité, et *Tissot*. Le sieur Chauvet la fréquentait plus que les autres. Gauchais y est venu, à ma connaissance, quatre ou cinq fois, et Tissot une seule fois. Dans les quinze jours qui ont précédé le 24 dudit mois, j'y ai vu des étrangers; mais comme il faisait nuit, je n'ai pu les distinguer. J'ai remarqué, un dimanche, je ne sais lequel, un cheval étranger dans son écurie. Je ne sais pas à qui il appartenait. Il y est venu, dans la semaine qui a précédé le 24, tantôt huit, quelquefois neuf, dix, onze et douze hommes pendant la soirée. J'en ai aussi vu à différentes fois quelques-uns le jour de ladite semaine.

D. — N'avez-vous pas remarqué que lesdits hommes fussent jeunes ou âgés, et vêtus de manière à vous faire supposer qu'ils tinssent dans le monde un certain rang? Quels discours leur avez-vous entendu tenir?

R. — Ces hommes, en général, pouvaient être de l'âge de trente, quarante et cinquante ans. Les plus jeunes étaient en plus grand nombre. Ils mangeaient quelquefois à la maison, ce que je voyais en faisant le service; d'autres fois ils se bornaient à se rafraîchir. Le seul discours que je leur ai entendu tenir et qui ait quelque importance est que *l'un* disait *aux autres : « Il ne faudra pas faire de mal : il ne faudra pas tirer ; et s'ils tirent, nous leur dirons que nous sommes prêts à tirer.* » Une autre fois, un autre individu disait, ce que j'ai entendu bien clairement : « *Je prendrais bien Nantes avec six cents hommes, je les placerais par dix dans des croisées et dans des portes ; je les ferais tirer ; le peuple se ramasserait.* »

Ces choses se disaient hors de ma présence : je les ai entendues. On paraissait se défier de moi, tellement qu'un jour assez prochain de l'attaque, une personne disant que *Buonaparte*, qu'elle qualifiait *l'empereur*, était le plus grand guerrier qu'on ait vu, se reprit tout à coup en se frottant la tête, et en disant : « *Il est mort, et Alexandre aussi ; ils ont été empoisonnés tous les deux.* » J'ai lu chez ledit Caffé un livre, gros comme un almanach, intitulé : *Discours discrets des officiers de l'École royale de la séance sous le titre de l'Union.* C'est dans ces termes que je m'en rappelle, sans pouvoir en certifier l'exactitude. Un jour, dans ladite dernière semaine et pendant le déjeuner, *l'un dit à l'autre :* « *Donnez donc le catéchisme qui est là.* » Catéchisme est le livre dont je viens de parler. Quand il l'eut entre les mains, il s'adressa au sieur Caffé en lui disant : « *Voulez-vous me le communiquer ?* » Celui-ci fit un signe affirmatif ; à ce signe il le mit dans sa poche. Je le crois encore à la maison. On lit dans ce livre, ce que je ne me rappelle que d'une manière très-incohérente : « *C'est aujourd'hui que j'ouvre la bouche... Les francs-maçons m'ont tiré par leurs lumières avec mon travail et mon assiduité. Ils m'ont tiré de cette île de nuages... Qu'il félicite les officiers du zèle qu'ils ont eu pour lui. Quand nous aurons conquis... si notre première assise ne manque point... si l'ouvrage imparfait de la main des hommes...* » Ce livre, en tout cas, m'a donné l'idée que Bonaparte n'était pas mort. J'ai entendu dire à M. Caffé, qui était au haut de l'escalier et moi au bas : « *Nous prendrons Poitiers, Thouars et Nantes.* » Il était dans le corridor qui conduit à l'appartement de sa belle-mère ; je crois qu'il adressait la parole à sa dite belle-mère ; toutefois, il n'y avait pas d'étrangers. Le dimanche, jour de l'attaque, six ou sept hommes ont déjeuné à la maison. Ils me paraissaient avoir de trente, quarante à cinquante ans. Après leur sortie, madame me commanda de servir la table à dix couverts, ce que je fis. Après, j'allai dans ma cuisine, qui est assez éloignée du salon, pour préparer le dîner. Le sieur Caffé fut de retour à six heures ; il me parut *déconcerté.* Il ne dit rien devant moi ; il sortit un instant après. J'ai ouï dire qu'avant son retour, M. le sous-préfet lui avait fait des reproches et demandé où il allait. Ledit Caffé ne rentra, à sa seconde sortie, qu'à dix heures et demie. Dans l'intervalle de la seconde absence, madame m'appela pour lui aider à ôter le couvert. Il rentra à ladite heure de dix heures avec deux messieurs, dont l'un très-grand et très-corpulent, ayant un gros ventre : il peut être âgé de quarante-cinq à quarante-huit ans ; la figure fraîche, yeux bleus, cheveux blonds, sans favoris, cheveux coupés à la Titus, un peu longs. Ce jour il était vêtu d'une veste bleue ou verte (je le voyais à la lumière) et d'un gilet à fleurs à grands ramages, larges comme la main. Je l'ai vu d'autres fois dans la même semaine, deux ou trois fois. Il avait aussi un pantalon à peu près de la couleur de la veste. L'autre aussi, très-grand, très-bel homme, de l'âge de trente ans, beau et frais. J'ignore quelle est la couleur de ses cheveux et s'il avait des favoris, s'il avait des bottes ou des souliers. Il était vêtu d'un habit de drap bleu ou brun, pantalon à peu près semblable. Je n'ai pas vu son gilet. Celui-ci resta très-peu de temps à la maison ; l'autre mangea, du moins j'ai lieu de le croire. Quand j'eus fait mon service, on m'envoya coucher : ce que je fis. Je ne le vis pas le lendemain, lundi ; je vis seulement un particulier de la ville, qui me parut être un ouvrier. Il fut trouver ledit Caffé dans son cabinet. Ils ne restèrent pas longtemps ensemble, les gendarmes étant survenus et ayant emmené ledit Caffé.

L'individu qui était avec lui se sauva par une porte de derrière.

Dans ladite semaine du dimanche 24, le sieur Caffé disait au gros homme dont il est parlé plus haut : « *Il ferait bon acheter des marchandises : il y aurait beaucoup à gagner;* » ledit homme lui répondit : « *Je ne crois pas qu'aucun de nous s'occupe de ses intérêts personnels.* » Non, répliqua Caffé, « *nous n'avons que notre affaire à penser.* »

Ils s'entretenaient dans le salon. Un autre jour, et toujours dans la même semaine, ledit Caffé, étant à table avec plusieurs individus, dit à haute voix : « *Nos affaires vont bien. A la santé de la patrie !* »

D. — Dans quel lieu et de quelle manière pourrait-on saisir chez ledit Caffé le livret dont vous nous avez parlé ?

R. — Ce livre est placé dans la bibliothèque, sur les tablettes d'en bas, à droite au coin, entre des livres. Je l'ai encore vu hier soir.

D. — Combien y a-t-il de salons de compagnie dans ladite maison ? Comment est meublé celui où vous avez vu le plus souvent des réunions d'hommes ? Les avez-vous vus se promener dans le jardin ?

R. — Quoiqu'il y ait deux salons de compagnie dans la maison dudit Caffé, le plus moderne est celui où l'on reçoit. Je n'ai jamais vu recevoir dans l'autre. Ledit salon moderne est meublé de chaises anciennes assez propres, sans aucun fauteuil — la table de la cheminée est en marbre, avec trumeau et baromètre. Il y a aussi une table ronde, cirée, qui est brisée. Ce dit salon est tapissé en papiers à personnages noirs-bruns, assez grands.

D. — Les domestiques de la dame Delabarbe ont-ils assez d'intelligence pour comprendre le sens des choses qu'ils ont pu voir dans la maison de Caffé ?

R. — La fille n'a pas d'esprit ; elle m'a paru bornée, mais elle est assez intelligente pour avoir compris le sens des choses qu'elle a pu voir. Quant au garçon, il a toutes les facultés intellectuelles d'un homme de sa condition.

D. — Par combien de portes entre-t-on dans la maison de Caffé ?

R. — Par deux portails et par une petite porte du jardin qui donne sur le quai.

Confrontée avec *Beaufils, Joreau, Daubanton, Coudray*, pour savoir si elle les avait vus chez Caffé, répond qu'elle n'a pour aucun la certitude de les avoir vus.

2ᵐᵉ *Déposition, le 6 mai 1822, à Poitiers, par devant M.* Denys Barbault de La Motte, *président de la chambre des mises en accusation à la Cour royale de Poitiers, nommé juge instructeur pour l'affaire de Thouars, par arrêt du 27 février précédent.*

A déposé qu'elle n'a aucune connaissance personnelle des complots et attentats qui se sont formés et qui ont éclaté à Parthenay et Thouars, de la marche de l'attroupement sur la ville de Saumur le 24 février, et des tentatives faites ce jour-là pour entrer dans cette ville; qu'elle a vu arriver et venir à différentes fois chez le sieur Caffé, pendant les quinze jours qui ont précédé l'attaque de Saumur, beaucoup d'individus étrangers ou à elle inconnus, et quelques autres personnes de Saumur qu'elle connaît, telles que les sieurs Chauvet fils, teinturier, Gauchais, officier en retraite, et Tissot-Gauchais, beau-frère de ce dernier; qu'elle s'en est expliquée dans la déposition qu'elle a faite devant le juge d'instruction de Baugé; qu'elle a rendu compte dans cette déposition des faits, circonstances et propos venus à sa connaissance, et qu'elle a donné, pour indiquer les individus qu'elle ne connaît pas, tous les renseignements qui dépendent d'elle, et qu'en conséquence elle persiste dans sa déposition.

Nous avons alors interpellé ladite femme Boucher de nous déclarer si elle ne s'est pas ressouvenue, depuis sa déposition, de quelques autres discours que ceux dont elle a rendu compte, tenus par les personnes qui ont fréquenté la maison de Caffé pendant ladite quinzaine; si elle n'a pas entendu celui-ci dire : *Nous aurons pour nous l'Espagne, l'Autriche, et nous ne craignons plus maintenant la Russie, la Prusse et l'Angleterre?*

A quoi ladite femme Boucher a répondu avoir seulement

entendu le propos suivant : *Nous n'avons plus à craindre l'Autriche ni la Russie ;* ajoutant que ce propos a été tenu par un monsieur qui a logé chez Caffé, qui est arrivé le mardi avant l'attaque de Saumur et en est reparti sans qu'elle sache pour quel endroit, le jeudi ou le vendredi qui a aussi précédé le 24 février.

Nous avons demandé au témoin de nous dire si, pendant que ce monsieur a demeuré chez Caffé, elle ne l'a pas entendu nommer ? si on ne l'a point appelé *Berton* ou *Dubois ;* et de nous donner des renseignements sur son âge, sa taille, sa figure, son costume, sur ce qui s'est passé à son arrivée, et à son départ ; de nous dire qui a apporté et remporté ses effets ?

A quoi ledit témoin répondant a dit qu'elle n'a point entendu nommer ce monsieur, qui est à peu près de l'âge de cinquante et quelques années, cheveux gris à la Titus, le front beaucoup découvert et garni d'un très-grand nombre de petits boutons rouges, également de petits boutons très-rapprochés sur le nez et sur le pommeau de chaque joue ; de la taille de cinq pieds un à deux pouces ; la figure très-maigre et les yeux très-durs, tirant sur le bleu ; habit et pantalon de drap fin et de couleur brune. M. Caffé, un instant avant l'arrivée de cet étranger, avait dit à sa femme : *Je vais voir mon malade.* Je crois que c'est chez Chauvet fils, voisin de Caffé, que celui-ci a été le chercher. On faisait à cause de lui une *cuisine extraordinaire,* et on lui portait beaucoup de déférence. Le jour de son arrivée, le sieur Caffé me donna l'ordre d'aller chercher le paquet de l'étranger chez Chauvet fils. Ce paquet était composé d'une valise en cuir, assez lourde, renfermée dans une poche ou sac de toile. Ce monsieur, en partant de chez Caffé, n'a point emporté son paquet. Un jeune homme est venu le chercher le dimanche au soir, en l'absence du témoin qui l'a appris du domestique. Le témoin a aussi entendu dire dans la rue, par une personne qu'il ne connaît point, que celui qui avait logé chez Caffé était le général Berton.

Nous avons demandé aussi audit témoin si, parmi ceux qui sont venus chez Caffé pour les différentes réunions qui ont eu lieu, elle en a entendu appeler quelques-uns par les noms de Ferrail, Chapey, Heureux, Moreau, Delon, Pombas, Rivereau, Lambert, Fradin, Senechault, Saugé et Sauzais.

A quoi le témoin a répondu n'avoir entendu prononcer que le nom d'*Heureux*, et que c'est celui qu'elle a désigné dans sa déposition faite devant le juge d'instruction de Baugé comme ayant un gros ventre..... L'enfant du sieur Caffé ayant demandé à ce monsieur, qui est venu plusieurs fois dans la maison de son père, comment il se nommait, ce monsieur répondit : *Heureux*.

Le témoin, croyant que c'était un nom qu'il se donnait, ne l'avait pas désigné jusqu'à présent sous ce nom-là. Ledit témoin a ajouté que le sieur Heureux était celui qui vint, le soir de l'attaque, manger chez le sieur Caffé sur les six heures du soir. Il en sortit après avoir mangé et revint à peu près vers dix heures du soir, et elle ne l'a plus revu depuis. Le sieur Gauchais était, à cette dernière fois, avec le sieur Heureux. Ledit témoin a appris que le nommé *Gaveau*, batelier et cabaretier à Saumur, avait, sur la demande du sieur Caffé, procuré un bateau à celui qu'on nomme Heureux, pour lui faire descendre la Loire jusqu'à Nantes, et qu'ils étaient partis le jour de l'attaque après dix heures du soir. Elle pense que c'est pour mettre dans ce bateau que Caffé a fait prendre chez lui deux bottes de paille par le domestique de Mme Delabarbe, sa belle-mère.

Qui est tout ce qui a été demandé audit témoin, et a requis taxe que lui avons fixée à la somme de 60 francs pour vingt myriamètres parcourus aller et retour, *pour double taxe, vu son état de maladie*, attesté par un certificat de médecin délivré à Baugé le 29 avril dernier, légalisé ; et a déclaré ne savoir signer.

Ces deux dépositions de la servante de Caffé contre son maître n'existent plus dans le dossier de la procédure. Nous les reproduisons d'après une copie faite, au moment du procès, par M. Ch. Pontois lui-même.

VIII.

Poitiers, le 2 mai 1822.

A Monsieur Barbault de La Motte, *président.*

Monsieur,

La haute considération dont votre honorable premier président et vous êtes entourés, l'intégrité de votre réputation particulière généralement avouée, m'ont déterminé à vous prier d'examiner avec quelque attention, avec une sorte de scrupule, les soi-disant témoins, fauteurs des allégations mensongères ou controuvées dirigées contre moi, non dans l'intention de faire précisément servir à ma justification vos sages et rigoureuses observations (on m'a prévenu que le débit de mes dénonciateurs ne pouvait comporter de délit), mais, Monsieur, pour vous mettre à même d'estimer de plus en plus, et à sa valeur, la basse et hypocrite calomnie de ces méprisables êtres qui font métier de nuire à la société. Je suis persuadé que votre œil pénétrant les démasquera facilement. Je désire donc vous faire apprécier les motifs qui ont pu faire établir l'injuste prévention qui me retient et me prive de ma liberté.

La plus grande partie de la journée du 24 février dernier, je l'ai passée à élaguer des peupliers dans une des propriétés de ma belle-mère, située à une lieue nord de Saumur. Vers les cinq heures du soir, en sortant de dîner avec un de mes voisins, je montai à cheval pour aller visiter un malade que j'avais opéré depuis peu de jours. L'événement survenu aux portes de notre ville changea ma direction. Je pris le parti d'aller reconnaître la cause des bruits qui alarmaient mes concitoyens. J'en prévins plusieurs rassemblés au carrefour et sur ma route. Je rencontrai en outre des bourgeois, des cavaliers de l'École, des gendarmes à cheval qui m'avaient devancés et marchaient isolément. Je m'adressai, chemin faisant, à un de ces derniers pour avoir des renseignements sur le nombre et l'espèce de gens qui marchaient sur nous. Cet homme me parut ivre et ne sut rien me dire de rassurant; je poursuivis ma route jusqu'à *Dictré* (village à une demi-lieue de la ville). Là je pris de nouvelles informations. Toute la population était réunie, il commençait à faire nuit; on me fit apercevoir près de là une petite masse noire que je distinguai à peine : c'était l'attroupement. Je rebroussai chemin sur-le-champ; je fis nouvelle rencontre de gens à cheval, plus un peloton de cavaliers de l'École, auquel je dis en passant que je croyais avoir aperçu une poignée d'hommes. Arrivé chez moi, je tranquillisai tout un chacun; on avait crié aux armes, je pris les miennes et vins me confondre dans les rangs de la garde nationale, où je restai jusqu'à dix heures du soir. Alors M le sous-préfet De Carrère m'engage à emmener les gardes nationaux qui n'avaient point d'uniforme. De retour chez moi, j'y trouvai un malade étranger que je soignais depuis une semaine ; il m'attendait pour me remercier et me faire ses adieux ; il était accompagné d'une ou deux personnes. Mon malade était goutteux, je le pris sous le bras jusqu'à son auberge. Il manifesta devant moi l'intention de quitter la ville, craignant, la nuit, des événements. Ces messieurs demandèrent des chevaux, il n'y en avait point; ils se décidèrent à prendre un batelier : je leur offris mes services, et je n'en ai plus entendu parler. Le lendemain on vint me prévenir qu'il y avait un mandat d'arrêt lancé contre moi. Très-surpris, mais sans inquiétude, j'en fis part à mon épouse et à ma belle-mère, et j'attendis les gendarmes jusque vers les cinq heures du soir. Je me rendis à la maison d'arrêt avec le brigadier seulement.

Mon interrogatoire m'a appris depuis que deux gendarmes m'avaient dénoncé. Un d'eux, *Botrel*, dénonciateur par instinct ou par habitude, ivrogne fieffé, a déjà, par son talent, fait déguerpir de la brigade un de ses officiers; celui qui commande aujourd'hui est menacé du même sort, parce qu'il le trouve exigeant dans le service; l'autre gendarme, probablement son compère, est un faux témoin.

Je ne connais ni l'un ni l'autre. J'ai eu ces renseignements exacts sans les chercher. Trois habitants de notre ville, le père et les deux gendres, marchant constamment derrière moi quand je fus en découverte, ont déclaré que les gendarmes étaient des misérables, qu'ils avaient fait de faux rapports; ils se sont même servis d'expressions plus énergiques à leur égard.

Un prévenu, clerc de notaire à Vernoil, nommé Beaufils, m'a compris, m'a-t-on dit, sur une liste des dénonciations qu'il a fait. Je me dispense d'hasarder un commentaire sur la conduite de cet individu que je ne connais pas; j'espère que vous m'en ferez justice. Je me rappelle lui avoir donné chez moi une consultation et une médecine, il y a deux ans; il était à la veille d'avoir un duel, autant que ma mémoire peut me le rappeler.

Une vieille cuisinière, gagée à la maison depuis quatre mois, et qui pleurait chaque fois qu'elle m'apportait mon dîner à la prison, fut assignée pour Beaugé. Elle était malade ; mon épouse en parla à M. Joulain, juge d'instruction, qui lui conseilla de lui faire délivrer un certificat de médecin, et ajouta qu'on entendrait également sa déclaration à Saumur. (Ici l'esprit se confondrait si.....)

Cette malheureuse disparut furtivement, et, avant jour, le lendemain, mon épouse, à son lever, fut à la chambre de cette fille, la croyant au lit, et demeura inquiète une portion de la matinée, jusqu'à ce qu'on vînt lui annoncer qu'elle avait été rencontrée par le conducteur de la voiture de Saumur à Beaugé, à pied et ses jupes retroussées par-dessus sa tête; il la prit pour une folle échappée. Mon épouse ne put rien comprendre à l'accès de cette vieille maniaque. Je me sers de cette expression parce que j'avais déjà fait sur elle plusieurs observations qui y avaient quelques rapports, et l'anecdote suivante aida mes conjectures. Les domestiques de ma belle-mère ont surpris plusieurs fois cette vieille femme, se croyant seule, prendre ses sabots ou souliers dans ses mains et danser un quart d'heure en chantant à tue-tête. L'échappée d'un tel témoin appelé en confrontation a dû nécessairement bien remplir sa mission. Aussi, présentée pour reconnaître des prévenus, elle a tout reconnu. Bon gré mal gré, elle a même reconnu pour être venu chez moi un personnage auquel il était moralement impossible de s'y présenter. Ce qui me fit dire à M. le juge d'instruction : Essayez, Monsieur, de lui présenter un étranger : je suis sûr qu'elle va le reconnaître. Mais bientôt M. Joulain se convainquit par lui-même de l'effronterie de ses mensonges, en nous visitant. Le concierge de la prison, qu'elle avait également dénoncé à l'occasion d'allumettes et de bougies qu'elle disait nous avoir apportées, a démontré clair comme le jour l'impudence de cette imbécile ; ce qui fit dire à M. Carreau, avocat, qu'on ne pouvait plus rien croire de cette malheureuse, puisqu'elle commençait par mentir si effrontément.

Ce que je viens de vous écrire, Monsieur le juge P...,
n'a pour but que de vous faire apprécier mon histoire.
Votre tact, au reste, suppléera à mon intention ; mais j'étais bien aise de vous faire connaître que ma conduite du
24, à l'égard des événements qui ont menacé notre ville,
a été celle d'un homme d'honneur, ami de l'ordre et de
ses devoirs, dévoué à ses compatriotes et respectueux
envers l'autorité.

Agréez, Monsieur le président, l'assurance de mon profond respect.

CAFFÉ.

P. S. — On nous a prévenu que vous vous occupiez
d'entendre des témoins : ayez la bonté de vous occuper de
nous le plus tôt possible.

Cette lettre fait partie de documents inédits concernant
M. Barbault de La Motte, qui sont en la possession de M. Bonsergent, de Poitiers.

Il nous a paru intéressant de la placer à la suite des dépositions écrites de Périnne Triboudeau, femme Boucher, devant
les juges d'instruction de Beaugé et de Poitiers.

IX.

Parthenay, le 28 février 1822.

Extrait d'un rapport du Sous-Préfet de Parthenay au Préfet des Deux-Sèvres, en date du 28 février 1822.

Ce fut au moment même où les esprits étaient le plus
en fermentation que je vis arriver chez moi le sieur Senechault, accompagné du lieutenant de la gendarmerie.

Je ne fus pas peu surpris, je l'avoue, de recevoir de lui la communication d'un ordre du général Berton portant destitution et remplacement du juge de paix, de son greffier, du maire et du brigadier de Thenezay.

Cet homme me parut si niais, il me répondit d'une manière si naïvement bête, il se compromit d'une manière si maladroite, que je crois, en vérité, qu'il m'aurait presque fait perdre l'envie de le faire arrêter sur-le-champ, quand bien même je n'aurais pas eu à craindre plus que jamais de fournir aux factieux un prétexte d'éclater. Je me bornai à lui faire sentir qu'il s'était gravement compromis en se chargeant des ordres d'un rebelle. Je lui conseillai de ne pas montrer l'ordre écrit qu'il en avait reçu à Thouars, de ne pas se considérer comme juge de paix et de retourner à Thenezay.

(Archives nationales.)

X.

La majorité des habitants de Thouars était libérale ; mais il se trouvait dans cette ville quelques individualités d'un royalisme outré, les Jagault, Boussi, de La Ville de Beaugé et Guilbaut.

Le procès-verbal suivant, qui figure encore dans les pièces de l'information de l'affaire Berton, est trop curieux pour ne pas être publié.

Lorsqu'on couvre les murs d'une église d'inscriptions semblables à celles dont il est question dans ce procès-verbal, qu'y a-t-il de surprenant à ce que des gens viennent la nuit barbouiller ces inscriptions ? Il ne faut pas froisser aussi ouvertement les susceptibilités des partis vaincus !

Aujourd'hui onzième jour d'avril, neuf heures du matin, de l'année mil huit cent vingt-deux,

Nous, François-Paul-René Pihoué, maire de la ville de Thouars, sur l'avertissement qui nous a été donné à notre domicile sur les six heures du matin, par le sieur Jean Soulard, agent de la police municipale de cette ville, que les inscriptions apposées sur le mur extérieur de l'église, sise sur la promenade de Saint-Laon, ainsi conçues : *Vive Louis le Grand! vivent les Bourbons! vive l'armée royale! vive Louis XII, père du peuple! vive la réunion des cœurs! vive Henri IV! vive le roi! vive la paix! honneur à la patrie, place de la Gaîté!* avaient été barbouillées en noir pendant la nuit, et que la seule inscription *vive la religion*, placée parmi les autres, ne l'avait pas été, nous nous sommes sur-le-champ transporté sur la place de Saint-Laon, où se sont réunis à nous MM. Mounier et Audebert, nos deux adjoints, et M. Grippart, lieutenant de gendarmerie, résidant à Bressuire.

Nous avons tous remarqué que la peinture dont on s'était servi pour charger et barbouiller les inscriptions ci-dessus analysées avait été composée de noir de fumée délayé avec de l'eau, que l'instrument dont on a dû se servir était probablement un pinceau de forte dimension ou un blanchissoir à l'usage des maçons. Nous nous sommes d'autant plus attachés à cette pensée, que les inscriptions se trouvent à une élévation d'environ sept à huit pieds, et, ne voyant que quelques gouttes de la peinture échappées du pinceau au bas des inscriptions barbouillées, nous avons présumé que le pinceau avait dû être attaché à un bâton d'une longueur proportionnée à l'élévation. Nous, maire et adjoints, avons sur-le-champ pris le parti de requérir des gendarmes de la résidence, et, nous étant divisés de manière à pouvoir faire de suite et en même temps des recherches chez les maçons et les vitriers-peintres de cette ville, à l'effet de nous informer s'ils n'avaient point prêté leurs pinceaux ou des blanchissoirs, et pour nous faire représenter ceux qu'ils avaient chez eux, nous y avons procédé en faisant perquisition, savoir, nous maire et le sieur Audebert, adjoint, accompagnés du maréchal des logis et d'un brigadier, dans la partie nord de la ville, et M. Mounier accompagné de l'agent de police et de M. Grippart, lieutenant, et de gendarmes, dans la partie du midi.

Cette perquisition ne nous a fourni aucun renseignement qui pût faire découvrir les auteurs de ce délit. Tous ceux chez lesquels nous nous sommes introduits nous ont au contraire manifesté le regret et l'indignation qu'ils éprouvaient de voir qu'il se trouvait dans cette cité encore quelques individus assez peu amis de l'ordre et de la tranquillité de son pays et de ses concitoyens pour se livrer à une chose aussi honteuse. Dans le cours de notre recherche, il a été trouvé chez le nommé Galerneau, maçon, dans sa chambre de demeure et près de son lit, un fusil de munition garni de la baïonnette et quatre cartouches à balle que nous lui avons dit de remettre sur-le-champ chez M. le lieutenant de la gendarmerie. Nous avions donné les ordres nécessaires pour que, pendant le temps de nos recherches, on s'occupât de nettoyer les inscriptions barbouillées ; ce travail est déjà fait, et la peinture apposée ne paraît presque plus.

Fait, clos et arrêté le présent procès-verbal à la mairie de Thouars, les jour, mois et an que dessus, et nous maire et adjoints avons signé.

PIHOUÉ.
MOUNIER.
AUDEBERT jeune.

(Cachet de la mairie de Thouars.)

(Greffe de la Cour d'assises de la Vienne.)

XI.

Ministère
DE LA GUERRE.

Paris, le 22 mars 1822.

Monsieur,

Les rapports qui me sont parvenus sur la conduite tenue par la gendarmerie lors des derniers événements survenus dans les arrondissements de Bressuire, Parthenay et Saumur ayant déjà fixé mon opinion sur les brigades de Thouars et de Thenezay et sur les lieutenants de gendarmerie des résidences de Bressuire et de Parthenay, j'ai cru de mon devoir de provoquer la punition exemplaire des militaires du corps qui ont manqué à leurs devoirs et de solliciter des récompenses pour ceux qui se sont distingués par leur activité et leur dévouement.

J'ai en conséquence l'honneur d'informer Votre Excellence que, sur ma proposition, le roi a ordonné, le 20 de ce mois :

1° D'exclure du corps, indépendamment des poursuites judiciaires dont ils pourraient être l'objet, les sous-officiers et gendarmes des brigades de Thouars et de Thenezay ;

2° De faire cesser sur-le-champ l'activité aux sieurs Detroye et Rollet, lieutenants à Parthenay et à Bressuire ;

3° D'élever au grade de sous-lieutenant le maréchal des logis Gripard de la brigade de Doué, au grade de maréchal des logis le brigadier Rousseau, et à celui de brigadier le gendarme Coutille de la brigade de Montreuil ;

Enfin d'accorder une gratification de 600 francs au gendarme Royer de la résidence de Montreuil, qui a fait les plus grandes diligences pour donner les premiers avis aux autorités de la marche des rebelles.

Pour assurer tous les effets des décisions de Sa Majesté, je charge M. le colonel comte Duverger, mon premier aide de camp, de se rendre immédiatement sur les lieux, muni de mes instructions et des ordres que j'adresse à ce sujet aux colonels des 6e et 9e légions.

Le maréchal ministre de la guerre,
DE BELLUNE.

A Son Excellence le Ministre de l'intérieur.

(Archives nationales.)

XII.

Sur une feuille de papier qui semble avoir été arrachée d'un vieux registre, se trouve une estimation de quinze fusils formant un total de 836 francs.

Au bas de cette page figure la mention suivante :

BAUDOIN, un fusil double ;
VALLÉE, cordonnier, un fusil double ;
Jacques CIVRAY, de Chavigny, un fusil double.

Le général,
Signé : BERTON.

La signature seule est de la main du général. Cette pièce porte la cote 17 dans le dossier de la procédure.

(Greffe de la Cour d'assises de la Vienne.)

XIII.

Dans son interrogatoire du 27 février 1822, par-devant M. Arnault-Ménardière, juge d'instruction à Bressuire, LEDAIN déclare :

« J'avais oublié de vous dire qu'effectivement le gé-
» néral Berton a parlé, tant à Thouars que sur la route,
» d'un gouvernement provisoire dont il a nommé les
» chefs. Je n'ai retenu que les noms des généraux *Sébas-*
» *tiani* et *Lafayette,* et celui de *M. Kératry.* »

Le même jour, RICQUE, interrogé par le même magistrat instructeur, répondit sur ce point :

« Au surplus, j'observe que, lorsque j'ai entendu parler
» du gouvernement provisoire, et cela au milieu du
» groupe qui était sur la place, je crois qu'on a désigné
» comme en faisant partie les généraux *Foy* et *Lafayette,*
» mais sans pouvoir nommer ceux qui en ont parlé. »

Le 15 mars 1822, Senechault fut interrogé par M. Barbault de La Motte de la manière suivante :

« D. — Pour inspirer plus de confiance à ceux à qui
» vous teniez ces propos de rassemblement, n'avez-vous
» pas ajouté que c'était le général Demarçay qui condui-
» sait cette trame par ses affidés ?

» R. — Depuis le 24 février, j'ai pu dire que le général
» Demarçay et les autres membres marquants du côté
» gauche étaient informés du rassemblement qui avait eu
» lieu ce jour-là, parce que le général Berton et un autre
» individu qui se disait député de Nantes l'avaient dit à
» tous ceux qui avaient pu l'entendre pendant que nous
» étions sur la place de Thouars, le 24 février au matin,
» et parce qu'ils avaient ajouté que tout le côté gauche

» avait abandonné la Chambre des députés pour se rendre
» dans les différentes villes en faire autant.

» *D*. — Vous n'avez pas dit que vous étiez informé
» longtemps avant le 24 février que le général Demarçay
» ou tous autres étaient à la tête d'un complot, et qu'ils
» désignaient le mouvement qui s'était fait à Thouars et
» de pareils rassemblements dans d'autres villes du
» royaume ?

» *R*. — Non. »

(Greffe de la Cour d'assises du département de la Vienne.)

XIV.

Le général commandant l'armée de l'Ouest, sur le compte qui lui a été rendu de la conduite du sieur Delâtre, gendarme à la résidence de Thenezay, le nomme brigadier dans sa brigade, en remplacement du nommé Chalapin, destitué de son grade et qui rentrera gendarme. Le sieur Robin-Dubreuil, maire de Thenezay, sera remplacé par M. Leroy, docteur en chirurgie; le sieur Cossin de Morinel, juge de paix, sera remplacé par M. Senechault, ancien greffier; le sieur Darbord, greffier, sera remplacé par le sieur Métais, membre du conseil.

Donné au quartier général, à Thouars, le 24 février 1822.

Signé : BERTON.

Ne varietur.

SENECHAULT.
BARBAULT DE LA MOTTE, présid^t.
CHAIGNEAU, commis greffier.
MANGIN, procureur général.

B. BERNARD, 1er présid^t.
BERTON.
GINOT, greffier.

(Greffe de la Cour d'assises de la Vienne.)

XV.

Le général commandant l'armée de l'Ouest,

Sur le compte qui lui a été rendu des services passés et de la conduite honorable de M. Poulet, propriétaire, officier retraité,

Le nomme commandant de la garde nationale et de la la place de Thouars. Il s'entendra avec M. Pihoué, maire, pour tout ce qui concerne le bon ordre et la tranquillité publique.

Donné à Thouars, au quartier général, le 24 février 1822.

BERTON.

(Greffe de la Cour d'assises de la Vienne.)

XVI.

Le sieur Louis Dixmier et François Charpentier sont requis de laisser leurs voitures à la porte au Prévôt pour le service militaire d'aujourd'hui.

Le général commandant l'armée de l'Ouest,
Signé : BERTON.

(Greffe de la Cour d'assises de la Vienne.)

XVII.

Thouars, 24 février 1822.

Monsieur,

Ce matin, à six heures, le tocsin et la générale ont réveillé les habitants de cette ville, sans que j'en aie été prévenu et que rien ait annoncé ce mouvement.

Les premiers renseignements que j'ai recueillis m'ont appris que la gendarmerie avait été désarmée par une force supérieure qui la retenait en charte privée; que plusieurs habitants en armes tenaient les portes de la ville closes et empêchaient tout le monde de sortir ;

Que le général Berton, accompagné de plusieurs officiers et suivi de quelques habitants de cette ville et d'autres personnes venues de Parthenay et de la campagne, donnait ces ordres et dirigeait ce mouvement.

Vers sept heures, MM. le curé Jagault, Guilbaut, juge, et Delaville ont été arrêtés chez eux.

Vers dix heures, le général a lu au peuple, assemblé sur la place, une proclamation annonçant que ce mouvement n'avait d'autre but que de reconquérir la liberté publique ; à onze heures, ce général et son escorte sont partis, se dirigeant sur Saumur.

Les personnes qui ont paru en armes ou faisaient partie du rassemblement portaient la cocarde tricolore ; pendant tout ce temps, pas un cri de provocation dans un sens ni dans l'autre n'a été proféré, tout le peuple est resté calme et il n'y a pas eu le moindre désordre.

J'arrête le courrier pour vous donner ces détails, auxquels je n'ai rien à ajouter. J'emploierai tous les moyens qui sont en mon pouvoir pour maintenir la tranquillité publique et protéger la sûreté des personnes et des propriétés.

Sur ma sollicitation et ma responsabilité personnelle, les personnes arrêtées ont été mises en liberté. Hors le maréchal des logis de gendarmerie (Mairet), qui est gardé prisonnier, les cinq gendarmes de la brigade ont été forcés de suivre en armes.

J'ai l'honneur d'être.....

PIHOUÉ, maire.

A Monsieur le Sous-Préfet de Bressuire.

XVIII.

Dans une notice imprimée chez Barbier, à Poitiers, notice ayant pour titre : *Jugement de l'ex-général Berton et d'une partie de ses complices, rendu par la Cour d'assises de Poitiers le 12 septembre 1822, à une heure du matin,* notice tirée à 10,000 exemplaires et répandue à profusion, par ordre du préfet de la Vienne, dans les départements de la Vienne, des Deux-Sèvres, de Maine-et-Loire, on lit ce qui suit [1] :

« Sur les confins de cette Vendée héroïque, de cette terre de la fidélité, Berton, aidé de quelques misérables débauchés, de quelques obscurs officiers chassés des rangs de l'armée française, de quelques prolétaires, essaie de renverser le trône de saint Louis. C'est avec de tels

---

[1] Cette notice de quatre pages porte au bas le *vu bon à imprimer* et la signature du secrétaire général de la préfecture de la Vienne « H. Le Hurey ».

auxiliaires qu'il veut rendre à la France les échafauds de 93 et la conscription de Bonaparte.

» Le 24 février 1822, Berton, qui, depuis trois jours, était arrivé à Thouars et s'était caché chez Saugé, ex-huissier, se dirige, à huit heures du matin, vers Saumur pour s'emparer de cette ville. Sa bande est à peine de cent hommes, vrais sans-culottes qui croyaient conquérir la France. Le chef de ce complot, qui, peut-être avec de l'audace, aurait pu un instant occuper Saumur, fuit en lâche; quand le maire de la commune lui dit qu'il va être chargé, il se croit perdu, il se jette dans les bras de son complice Pombas en s'écriant : *Sauvez-moi!*

» Ce nouveau Pepé court avec tant de vitesse, qu'il perd son chapeau dans les bois du hameau de Sanzay. »

XIX.

Thouars, le 25 février, sept heures du soir.

Mon cher collègue,

Vous avez su notre affaire de Thouars...; j'y suis arrivé ce matin avec trois brigades. Les factieux, repoussés de Saumur hier au soir, revenaient à Thouars. Ils ont su que j'y étais et se sont arrêtés à Brion. La cavalerie de Saumur arrivait sur eux; ils se sont alors débandés, et, après avoir jeté les uniformes et les fusils, ils ont fui à travers les bois. Quelques-uns, entre autres trois médecins de Parthenay, sont tombés entre mes mains; les autres ont tourné Thouars et se dirigent, je crois, sur Parthenay. De ce nombre sont le sieur Moreau, Delong et Riveréau, dit-on. Ce qu'il y a de certain, c'est qu'une quarantaine d'hommes armés a passé, à trois ou quatre heures, du côté de Saint-Varent, gagnant la route de Parthenay.

Tenez-vous sur vos gardes.

Je suis si pressé, que je ne puis vous en dire davantage. Je joins ici trois signalements que je vous prie de remettre à votre gendarmerie.

Moreau est le chef de chez vous. C'est un enragé.

Tout à vous,

Le sous-préfet de Bressuire,

Signé : Ed. DEVALLÉE.

Au Sous-Préfet de Parthenay.

(Greffe de la Cour d'assises de la Vienne.)

XX.

Je m'empresse d'avoir l'honneur de rendre compte à Votre Excellence que le général Berton vient d'être arrêté, ainsi que *Delalande*, notaire de la commune de Gennes, et un troisième que l'on dit être marchand aux Rosiers.

Cette arrestation a été opérée, entre Gennes et Saumur, par des officiers et sous-officiers des carabiniers déguisés en chasseurs. Un quatrième de la bande, dont on ignore encore le nom, a été tué par un sous-officier. La justice est allée faire la levée du cadavre dans les formes ordinaires.

On a trouvé sur le général Berton une ceinture contenant cent trente-neuf pièces de vingt francs.

(*Extrait d'une lettre de M.* DE NEUILLY, *chef d'escadron, commandant la gendarmerie royale de Maine-et-Loire, en date du* 18 *juin* 1822 [*Angers*], *au Ministre de l'intérieur.*)

(Archives nationales.)

Saumur, le 18 juin 1822.

A Son Excellence le Ministre de l'intérieur.

Monseigneur,

J'ai l'honneur de rendre compte à Votre Excellence que le rebelle Berton a été arrêté hier, sur les six heures du soir, avec le sieur *Delalande*, notaire, demeurant à Gennes, et *Baudrier*, marchand de *bled*, demeurant également à Gennes, par des sous-officiers de carabiniers. Le sieur *Maignant*, propriétaire, demeurant à Saumur, a été tué; les sieurs *Rousseau*, demeurant à Bessé, et *Grandmenil*, chirurgien aux Rosiers, devaient faire partie de la réunion qui a eu lieu à la maison de campagne du sieur Delalande ci-dessus dénommé.

Après le *diné qui devait avoir* chez le sieur Delalande, ils devaient, m'a-t-on dit, *ce* réunir *trantes* conspirateurs des communes des environs de Saumur et de Saumur même; mais le sous-officier chargé de suivre cette affaire, sachant cela et craignant de manquer Berton, *à* donné le signal convenu pour l'arrêter.

J'ai l'honneur.....

JOUSSET-DELEPINE [1],

Lieutenant de gendarmerie royale.

(Archives nationales.)

Beaucoup de zèle, mais peu de grammaire et d'orthographe!

Département
de Maine-et-Loire.

Saumur, le 18 juin 1822.

SOUS-PRÉFECTURE DE SAUMUR.

CABINET
du Sous-Préfet.

Monseigneur,

Vous avez sans doute déjà appris que l'ex-général Berton a été arrêté hier dans mon arrondissement..... Il portait une décoration de la Légion-d'Honneur à l'aigle et à l'effigie de l'usurpateur.

Ce conspirateur ne se dissimule pas le sort qui l'attend et s'y résigne avec fermeté. Bien loin de montrer du repentir, il cherche à justifier sa conduite, parle de l'arbitraire, de la tyrannie du gouvernement, du joug sous lequel, dit-il, gémissent les Français. Il m'a fait un long narré des persécutions dont il prétend avoir été l'objet, s'est répandu en invectives contre M. Mounier, contre le général de La Tour-Maubourg, etc.

Sur ce qu'il m'a donné sa parole d'honneur qu'il respectait et aimait le roi, et que jamais il n'en avait dit de mal, mais qu'il se plaignait seulement des personnes qui l'entouraient, je lui ai objecté que, depuis qu'il s'était mis en état d'hostilité contre le gouvernement, les personnes qui composaient ce gouvernement avaient cessé d'être les mêmes, et que cependant lui Berton avait persisté dans son son système d'hostilité. Il m'a répondu que la France, loin d'avoir rien gagné à ce changement, était tombée de mal en pis.

Pressé par mes questions, il a coupé court en déclarant qu'il ne voulait pas en dire davantage.

. . . .

L'ayant mis sur le chapitre du 24 février, et lui ayant

demandé pourquoi les hommes de sa troupe n'avaient pas tué le maire de la ville lorsque celui-ci se trouvait au milieu d'eux, il a répondu que ceux qui marchaient avec lui n'étaient pas des assassins, et que s'ils étaient entrés dans la ville, il n'aurait pas été répandu une goutte de sang, que les individus et les propriétés auraient été également respectés, et que le premier qui se serait permis d'insulter un habitant ou un fonctionnaire aurait été fusillé.

. . . .

— M. le maire a cependant arrêté votre marche, et lui seul, par ses menaces, vous a empêché d'entrer en ville.

— *(En partant d'un grand éclat de rire :)* S'il n'y avait eu que lui pour m'arrêter, il y a longtemps que je serais au château de Saumur, mais autrement que je m'y trouve aujourd'hui. Du reste, M. le maire s'est conduit loyalement, il a fait son devoir et ne mérite que des éloges.

. . . .

L'entrée de Berton et de ses compagnons dans la ville de Saumur y a produit un effet remarquable. Un escadron des carabiniers, rangé en bataille devant le quartier, criait de temps à autre : *vive le roi !* L'escorte des prisonniers faisait entendre avec joie le même cri. Les habitants sortaient en foule de leurs maisons, mais le plus grand silence régnait parmi les spectateurs, et personne n'y répondait au cri français qui partait des rangs des carabiniers.

Je suis.....

Le sous-préfet,
DE CARRÈRE.

A S. Exc. Monsieur le Ministre de l'intérieur.

(Archives nationales.)

Extrait d'une lettre de M. C. MAUPASSANT (maire de Saumur) au Ministre de l'intérieur, en date du 18 juin 1822.

...... En apprenant l'arrestation de Berton dans l'arrondissement de cette sous-préfecture, la ville de Saumur a senti le plaisir qu'on éprouve à être débarrassé de nouveaux dangers ; mais si Berton eût osé faire une nouvelle tentative sur cette ville, il eût fourni à ses habitants une autre occasion de donner des preuves de leur dévouement, de leur amour pour le roi et de leur fidélité à son gouvernement. Je serai toujours le garant de ces sentiments.

En marge de cette lettre, et de la main du ministre, on lit : *Ceci contraste un peu avec le rapport du sous-préfet, qui dit qu'aux cris de* vive le roi ! *que faisait entendre le régiment des carabiniers, les habitants de Saumur opposaient le plus grand silence.*

(Archives nationales.)

...... Le sous-officier Woelfel a paru le 20 de ce mois, comme témoin, devant M. le juge d'instruction ; sa déposition contient des détails sur l'arrestation de Berton, mais elle ne nous apprend presque rien que nous ne sussions déjà. J'ai l'honneur de vous en envoyer une copie dressée sur la minute que M. le juge d'instruction a bien voulu me communiquer, quoiqu'elle doive rester secrète comme toutes les autres pièces de la procédure. Le sieur Woelfel y a mis des réticences, sans doute d'après les instructions de son colonel. M. le comte de Bréon, colonel des carabiniers, m'avait fait depuis longtemps des demi-confidences sur l'espoir qu'il avait de découvrir la retraite de Berton. Il m'avait dit qu'un individu agissant sous sa direction était en relation avec les conspirateurs; mais j'ignorais quel était cet individu.

(*Extrait d'une lettre adressée le 25 juin 1822, par M.* DE CARRÈRE, *sous-préfet de Saumur, à S. Exc. le Ministre de l'intérieur.*)

(Archives nationales.)

XXI.

Département
des Deux-Sèvres.

Bressuire, le 29 mars 1822.

ARRONDISSEMENT DE BRESSUIRE.

PARQUET DU TRIBUNAL.

Monsieur et collègue,

Je vous suis infiniment obligé de l'attention que vous avez eue de m'envoyer la copie de l'interrogatoire subi par Masse ; il y a plusieurs circonstances qui vous étaient inconnues et qui auraient donné lieu à des questions importantes. Il a participé aux arrestations faites à Thouars, particulièrement à celle du curé *Jago*.

Je voudrais savoir s'il n'était pas accompagné d'un nommé Chesne ; il a également escorté les tambours pour les contraindre à battre la générale. Si M. votre juge d'instruction voulait avoir la bonté de lui adresser quelques questions sur ces différentes circonstances, peut-être parviendrions-nous à connaître les noms de tous ceux qui se sont transportés au domicile des hommes recom-

mandables qui ont été arrêtés et qui prétendent NE PLUS
SE SOUVENIR *des individus qui les ont si indignement ou-
tragés.*

Agréez, Monsieur et collègue, etc.

VANDAMME,
Procureur du roi.

Cette lettre fait partie du dossier de la procédure, n° 38 de
l'inventaire. Elle ne contient aucune suscription.

(Greffe de la Cour d'assises de la Vienne.)

XXII.

Après le décès de M. Denis Barbault de La Motte père [1],
un épicier de Poitiers acheta de la famille différents vo-
lumes et beaucoup de papiers provenant de sa succession.
Dans le nombre de ces objets figuraient : 1° un dossier
portant cette suscription de la main même du président
Barbault de La Motte : *Pièces justificatives de mes bons procédés pour les détenus à Poitiers dans l'affaire du général
Berton* ; 2° un exemplaire de la réponse dudit Berton à
l'ouvrage du baron Tarayre, intitulé : *De la Force des
gouvernements*, sur la couverture duquel le général avait
mis de sa main un envoi d'auteur adressé à M. Barbault
de La Motte ; 3° un cahier manuscrit intitulé : *Journal*

---

[1] Denys Barbault de La Motte, avoué au tribunal de première
instance de Poitiers, fut nommé conseiller à Poitiers en 1811. Il devint ensuite président de chambre. Son fils est mort également président de chambre à Poitiers.

militaire de la garde nationale de Poitiers, n° 1er, satire très-sanglante et très-spirituelle contre la noblesse, avec les noms indiqués par la première et la dernière lettre reliées entre elles par des points intermédiaires.

Ces différents papiers ont été sauvés de la destruction par M. Bonsergent, collectionneur érudit de Poitiers et grand amateur de documents curieux, qui a bien voulu m'en donner communication.

Ils ne contiennent, du reste, aucune pièce bien probante relativement aux bons procédés du président Barbault de La Motte. Disons toutefois à l'honneur de ce magistrat qu'il passait à Poitiers pour un esprit relativement libéral et pour un homme bienveillant.

XXIII.

Puisque l'anarchie ose arborer encore le signe de la rébellion, répandre ses désolantes doctrines et s'efforcer d'ébranler votre fidélité, le devoir d'un évêque est de rompre le silence et de vous rappeler les maximes précieuses de la foi qui assurent le repos et la stabilité des empires.

C'est par moi que les rois règnent, dit la Sagesse éternelle... Ils règnent par la force sur les corps, ils règnent par la religion sur les cœurs. La religion place leur trône dans les consciences auprès du trône de Dieu. C'est un crime de se révolter contre son roi.

Vous savez, par une terrible expérience, comment Dieu, vengeur de la cause des rois, punit les nations qui brisent le sceptre de leurs maîtres. Dans sa juste colère, il retire sa main puissante, et tout ce qu'il soutenait tombe dans le trouble et la confusion.

Mon Dieu, conservez le roi, conservez la famille royale !

(*Extrait du mandement donné par M*gr* DE BOUILLÉ, évêque de Poitiers, à la date du 3 mars 1822.*)

XXIV.

Poitiers, le 3 juillet 1822.

Monsieur le Directeur,

M. le procureur général est venu me voir dans la soirée d'hier. Il m'a dit que la chambre des mises en accusation avait terminé son opération; que trente des individus prévenus de conspiration, détenus dans la maison d'arrêt de Poitiers, allaient être mis en liberté.

Le procureur général, loyal et roide jouteur, regrette l'absolution de cinq à six de ces trente individus. Cependant, vu ce qu'il craignait, il n'est pas mécontent de l'arrêt. Voilà un bon commencement.

Trente conspirateurs mis simultanément en liberté ! quelle bonne aubaine pour nos libéraux ! on ne saurait moins faire pour ces amants de la liberté, au sortir des cachots du despotisme, que de les promener par les rues, de leur donner des dîners, etc., etc.: ces réunions attireraient des curieux, les bravos et les haros se croiseraient, la troupe prendrait les armes; le succès n'est pas douteux, mais je ne saurais pas me promettre qu'il n'y aurait pas de sang répandu. Il m'a paru qu'il était politique et tout conforme aux pensées généreuses du gouvernement de sauver, quand on le peut, les misérables agitateurs des suites de leurs propres excès. Ils seront ensuite, s'ils le peuvent, rendus plus sages par le sentiment de la reconnaissance, car ils ne pourront se dissimuler que la garnison est excellente, bien résolue à frapper si on le lui permet, et que toutes nos mesures sont bien concertées.

Voici le projet que j'ai conçu. C'est un secret entre le procureur général, le général et moi.

Je fais prendre le signalement exact de chacun des individus à mettre en liberté ; on demande à chacun le nom de la commune où il veut se rendre.

Demain, à trois heures du matin, un détachement de la garnison se rendra sans tambours ni trompettes à la prison ; les trente individus seront conduits, sans passer par la ville, hors des portes, à une demi-lieue environ. Là on fera halte, on comparera, ou l'on fera sérieusement mine de comparer le signalement de chaque individu, et puis on leur dira :

« *Sous le gouvernement de Buonaparte, vous eussiez été tous fusillés dans les vingt-quatre heures : les juges pour le roi vous ont crus encore plus trompés que criminels, et ils vous rendent à vos travaux, à vos familles. Rendez grâces à la bonté de Sa Majesté ; mais en même temps n'oubliez pas, dans votre propre intérêt, de quel œil la haute police pourrait voir, du moins d'ici à quelques mois, le retour d'un seul d'entre vous dans la ville de Poitiers, ou même dans le département de la Vienne.* »

Après cette petite harangue, la troupe criera : vive le roi ! rompra les rangs et rentrera en ville. A leur réveil, MM. les libéraux apprendront qu'il n'y a plus d'autres conspirateurs dans les prisons que ceux qui doivent comparaître devant la cour d'assises.

Je n'ai pas eu le temps de vous demander si vous approuvez un tel projet. C'est pour moi un motif puissant pour désirer qu'il ait votre assentiment et l'approbation de Son Excellence [1].

Je suis......

Le préfet de la Vienne,
Baron LOCARD.

A Monsieur le Directeur de la police [2].

(Archives nationales.)

En marge de cette lettre, et de la main du directeur de la police, on lit :

« La mesure qu'il a prise ne pouvait qu'être approuvée. » Le ministre [3] en a pris connaissance. »

Le 5 juillet, le préfet de la Vienne informait le directeur de la police de la réussite de sa petite comédie et lui transmettait une note *sur le personnel de ces trente* INNOCENTS, afin de pouvoir faire exercer à leur égard une surveillance *que je crois*, écrivait-il, *nécessaire*.

Cette note, jointe à cette dernière lettre, contient le nom, l'âge et le signalement des individus relaxés, et, de la main même du préfet, des annotations curieuses en regard de chaque nom :

Daubenton, Metay, Meunier, Barré Jérôme, Barré Baptiste, Banchereau, Berthelot, Guillon, Borne, Petit, Riguillon, Rillet, Chevalier, Coyaud dit Flamand, Drouin, Senechault Urbain, Guesnault, Baugé, — INSIGNIFIANTS ;

Joseau, Tisseau-Gauchais, Chetiveau, Raveneau, Constant, Bastien, Duvau *(contumace)*, — DANGEREUX ;

Desmarais, — TRÈS-DANGEREUX — *(c'est lui qui avait*

---

[1] On peut dire du baron Locard ce que Pie VII disait de Napoléon : *Commediante, tragediante!*
[2] M. Franchet Desperey.
[3] M. de Corbière, ministre de l'intérieur.

recueilli les gendarmes, croyant donner asile à des conspirateurs; il leur avait même donné les noms des gens chez lesquels ils pourraient trouver également asile);

Thiebault, — BRIGAND, — en 1815 avait proposé d'assassiner les nobles et les prêtres pour voler leur argent;

Caillaud, — BRIGAND, — parlait d'assassiner le curé et le maire;

Merceron dit Marmotte, — BRIGAND, — n'était pas dans l'affaire;

Vincent (huissier), — INSIGNIFIANT, — cependant bon à destituer;

Boule, — CHEVALIER DE LA LIBERTÉ, — doit à son ivrognerie de n'avoir pas été plus avant dans l'affaire.

(Archives nationales.)

Indépendamment de ces trente et un inculpés, quinze autres furent également l'objet d'ordonnances de non-lieu. Ce furent les nommés : Soulard, Cartaud, Merlet, Gravelot, Darnault, Renault, Parent Pierre, Parent Michel, Chêne Louis, Poirault, Civrais, Boudier, Leblois, Richou, Chêne laboureur à Ligron.

XXV.

J'ai pu prendre communication, au greffe de la Cour de Poitiers, des pièces de la procédure Berton, au mois d'août 1875.

J'ai soigneusement compulsé ce volumineux dossier. Tout ce qui pouvait être important au point de vue politique, et par conséquent compromettant pour certains magistrats, a disparu, et cela ne m'a pas surpris; mais ce qui m'a fort étonné, c'est de n'y plus rencontrer un seul des interrogatoires de Berton, sauf celui que lui fit subir, pour la forme, le 22 juillet 1822, M. le président des assises, Parigot.

Que sont devenus les autres ?

Il me paraît important, en présence de la disparition de documents aussi précieux, de publier ces interrogatoires dont M. Ch. Pontois possédait une copie, faite de sa main, à l'époque même du procès.

Interrogatoire de BERTON du 23 juin 1822, par-devant M. DE BERNARD, premier président.

D. — Quels sont vos noms, etc. ?

R. — Jean-Baptiste Berton, maréchal de camp, âgé de cinquante-trois ans, né à Enilly, département des Ardennes.

A l'instant il nous a représenté la copie d'une supplique adressée au roi par laquelle il demande à être jugé par la Chambre des pairs; que cependant il était prêt à répondre aux divers interrogats que nous lui ferions.

D. — A quelle époque avez-vous quitté Paris ?

R. — Le 4 janvier dernier, à trois heures et demie de l'après-midi.

D. — L'avons interpellé de nous rendre compte de ce qu'il a fait depuis son départ de Paris, et quels pays il a parcourus ?

R. — Je suis parti de Paris avec une feuille de route, du 26 au 27 novembre, pour aller voir mon fils à Pontivy, qui est lieutenant dans le 2ᵉ régiment de dragons dits les dragons du Doubs. J'allai directement à Brest; j'y étais le 10 ou 11 janvier, et j'en suis parti le 15. Mon objet était de retirer de M. Dubois fils, négociant, rue de la Rampe, la somme de 2,000 fr. que j'avais avancée pour son compte au sieur Berthaume qui devait partir pour Lima. Le sieur Dubois me l'a payée. Ayant appris qu'il y avait eu une insurrection à Belfort, ayant remarqué que les autorités prenaient des mesures pour maintenir la tranquillité publique, et ayant su qu'elles s'occupaient de mon arrivée et de ma présence à Brest, j'en partis le 15, et je fus à Quimper, où je couchai, et de là je fus à Rennes, où j'arrivais le 18 ou le 19. J'appris là qu'il avait été question de moi dans une procédure qui s'instruisait à Tours; et quoique je n'eusse pris aucune part au complot qui faisait l'objet de cette procédure, pour éviter tout soupçon contre moi, je pris la résolution d'aller m'embarquer à Bordeaux pour aller en Espagne, où j'avais des affaires personnelles.

Je restai à Rennes environ vingt-six ou vingt-sept jours. Dans cet intervalle, j'ai vu différentes personnes, ne me rappelant positivement que du sieur Bodin et de sa famille, le sieur Bodin ayant été mon aide de camp.

Je suis aussi allé visiter à la campagne Mme Dubot de Chassonville, que j'avais eu l'occasion de voir à Paris. De Rennes je suis venu à Saumur, où je suis resté trois ou quatre jours, et de là je suis allé à Thouars, où je suis arrivé le 21 du mois de février. Je déclare avec vérité que je ne suis point venu à Saumur dans l'intention d'agir contre le gouvernement du roi, mais que c'est dans cette ville que j'ai été entraîné dans le complot qui depuis a été exécuté.

D. — Nous lui avons demandé si, lorsqu'il est arrivé à Saumur, il était *chevalier de la liberté*, ou si c'est dans cette ville qu'il a été reçu dans cette association?

R. — Je n'étais point chevalier de la liberté, je n'ai point été reçu dans cette association. Seulement c'est à Saumur qu'on m'en a fait connaître les statuts, dont le premier article était le maintien du roi et de son auguste famille, le soutien de la Charte avec l'engagement de combattre tous les ennemis de nos libertés et ceux de la Charte.

D. — Nous lui avons demandé s'il n'avait pas fréquenté,

à Saumur, le nommé Caffé, médecin, et s'il ne l'a pas vu plusieurs fois chez lui?

R. — J'ai connu autrefois le médecin Caffé à l'armée; je l'ai vu chez lui, à Saumur, et dans plusieurs autres maisons; j'y ai vu aussi *Gaucher*, chef de bataillon, et *Chauvet*, teinturier à Saumur. J'y ai aussi vu le nommé *Cossin*, de Nantes, que je connaissais déjà, et avec lequel je me suis promené plusieurs fois.

Il observe qu'étant à Rennes il se disposait à aller s'embarquer à Bordeaux pour se rendre en Espagne, où il a des affaires d'intérêt, lorsque le nommé Grandménil, chirurgien aux Rosiers, vint l'engager à venir à Saumur, en lui disant que les chevaliers de la liberté étaient disposés à faire un mouvement en faveur de la Charte, et que là on me ferait connaître les règlements, qui me plairaient.

D. — Nous lui avons observé que s'il a été entraîné, comme il nous l'a dit, à Saumur, à entrer dans le complot qui a été exécuté, il n'a pu méconnaître ceux qui ont produit cet entraînement, puisqu'il a eu avec eux de fréquentes relations?

R. — Qu'il s'est trouvé au milieu de beaucoup de monde, entre autres ceux qu'il a précédemment nommés; que l'on y a parlé de l'expédition qu'on méditait; qu'on l'a désigné comme pouvant en être le chef, et qu'il s'est laissé aller aux propositions qu'on lui a faites; que les tentatives avaient pour objet de s'emparer de Saumur par le moyen de la population, et de s'emparer ensuite du château par famine; que c'est dans cette résolution qu'il s'est rendu à Thouars accompagné de *Gaucher*; qu'il manifestait d'ailleurs son intention qu'il ne fût pas tiré un coup de fusil, et qu'il préférait, s'il y en avait un de tiré, qu'il le fût sur lui.

D. — Nous lui avons demandé de rendre compte de tout ce qu'il a fait depuis son arrivée à Thouars?

R. — Que Gaucher le présenta à Saugé sous son véritable nom de Berton et comme son ami ; qu'il pense que Saugé n'a jamais connu l'objet pour lequel il venait à Thouars ; j'ai toujours porté le nom de Berton et été connu sous ma qualité de général, n'ayant jamais été nommé Dubois pendant tout le temps que j'ai resté chez Saugé. Le même jour de mon arrivée, *Pombas*, officier retraité, vint me voir sans que je l'eusse fait appeler. *Rivereau*, secrétaire de la municipalité, me fut présenté par Pombas, le 23. Dans la soirée, l'un et l'autre me dirent qu'on était disposé à faire le mouvement pour lequel j'étais venu à Thouars, et ils m'offrirent de me seconder.

D. — Nous lui avons demandé s'il n'a pas vu un nommé Moreau, ex-officier de hussards, demeurant à Parthenay ?

R. — Moreau est venu de Parthenay me voir pendant que Gaucher était encore à Thouars, sans que je l'eusse envoyé chercher.

D. — Nous lui avons demandé si un particulier nommé *Lambert* ne s'est pas présenté à lui le 23, avec Pombas, pour prendre des renseignements ; s'il n'a pas mal accueilli ce particulier et ne lui a pas dit de s'arranger avec Moreau ?

R. — Un particulier que je ne connais pas s'est en effet présenté (à ce que je crois) avec Pombas ; je n'ai pas su son nom. Je me rappelle seulement que c'était un petit homme. Celui-ci m'ayant fait quelques questions, telles que si j'avais vu Moreau, si j'étais d'accord avec lui ? je lui ai répondu : *Je ne sais ce que vous voulez me dire, arrangez-vous avec Moreau.*

D. — Nous lui avons observé qu'il résulte de la procédure que, le 24 février, il avait fait lire sur les deux places publiques de Thouars deux proclamations, l'une aux habitants des campagnes et l'autre aux soldats français, et interpellé de nous faire connaître quels étaient les auteurs de ces proclamations ?

R. — Je ne sais d'où sont venues ces proclamations ; elles ont paru sans ma participation : je me rappelle seulement que c'est *Heureux*, qui arrivait de Saumur, qui en a fait lecture.

D. — Nous lui avons demandé si ce n'est pas lui qui a donné l'ordre aux attroupés de prendre la cocarde tricolore et d'arborer le drapeau de même couleur ?

R. — Tout s'est fait spontanément et à mon insu. Au reste, je ne veux accuser personne, me réservant de repousser les accusations injustes qui seraient dirigées contre moi.

D. — Nous lui avons demandé de nommer les personnes avec lesquelles il eut une entrevue en arrivant à Saumur, le 24 février au soir.

R. — Ayant passé le pont Fouchard, le maire *Montpassant* se présenta seul à moi, accompagné cependant du commandant de la garde nationale. Le maire m'ayant dit qu'il ne voulait pas me recevoir ni me fournir des vivres, et qu'il n'aurait aucun entretien avec moi que je n'eusse fait repasser le pont à ma troupe, je la lui fis repasser. Le maire m'invita alors à me retirer. Il se conduisit avec moi très-bien, comme maire. Pombas lui ayant appuyé une espingole sur la poitrine pour l'empêcher de faire reculer sa troupe, je sautai en bas de mon cheval et je recommandai à Pombas de respecter le maire. Quelque temps après, et vers minuit, je ramenai la troupe du côté de Thouars, et, au delà de Brion, elle se débanda.

D. — Nous l'avons interpellé de nous rendre compte de ce qu'il a fait depuis qu'il s'est séparé de sa troupe, et de ce qu'ont fait Pombas, Moreau, Rivereau, Delong et Saunion ?

R. — J'ai parcouru différents lieux, ne marchant que la nuit pour éviter d'être arrêté ; quant à Rivereau, il nous a quittés aux environs de Saumur, la nuit du 24 au

25. J'ai procuré à Delon, Pombas, Moreau et Saunion les moyens de s'embarquer.

D. — Nous lui avons demandé pour quel objet il est revenu à Gennes, à trois lieues de Saumur, où il a été arrêté?

R. — J'aurais pu m'embarquer et quitter la France; mais, Grandmenil étant venu de nouveau m'inviter à revenir pour voir les sous-officiers de carabiniers qu'il disait être mécontents de leur situation, et qui excitaient les habitants à faire un mouvement, un nommé *Wolfs* parcourant les campagnes (suivant ce qui m'a été dit) pour exciter les habitants à faire un nouveau mouvement, ne pouvant dire lequel, je me décidai à revenir, d'autant mieux que depuis longtemps je désirais revenir dans le pays, pour que mon retour vînt à la connaissance des prisonniers, dont je plaignais le sort. Je voulais aussi détromper les habitants des campagnes de se prêter à aucune proposition, attendu qu'elles étaient inexécutables. Je me rendis dans la maison de campagne du sieur Lalande, notaire à Gennes, où devaient venir les sous-officiers qu'on m'avait dits être du nombre des mécontents, et là je fus arrêté et conduit à Saumur.

D. — Interpellé de nous dire qui lui a fait connaître Baudrier et Lalande?

R. — C'est Grandmenil qui m'a fait connaître Baudrier, et Baudrier, Lalande.

D. — Nous l'avons interpellé de nous dire quel était l'objet du mouvement dont il a parlé ci-devant?

R. — Je l'ignore personnellement; mais j'ai ouï dire qu'on avait persuadé aux habitants de la campagne et de Saumur qu'on pouvait faire un mouvement en faveur des prisonniers pour procurer leur évasion.

D. — A lui demandé où et quand il a vu Delon?

R. — Je l'ai vu la première fois à Thouars.

D. — A lui demandé qui lui a fait parvenir son uniforme à Thouars?

R. — Je l'avais adressé de Paris à Dubois fils, à Brest. Il fut renvoyé à Rennes, je ne sais par qui, sans adresse, à ce que je crois. Lorsqu'à Rennes on m'eut proposé de me mener à Saumur, on m'offrit de m'envoyer mon uniforme dans cette ville, ne me rappelant pas précisément qui m'a fait cette offre, et croyant néanmoins que c'est *Heureux*.

D. — Nous lui avons demandé s'il n'a pas vu Cossin à Nantes, et s'il n'a pas été question du but de son voyage?

R. — Je l'ai vu au moment de mon départ; il est venu lui-même, et nous nous sommes entretenus de l'objet de mon voyage à Saumur, qui était un mouvement pour le maintien de la Charte, et il m'a dit : *J'espère vous voir à Saumur.*

D. — Nous lui avons demandé si à Brest il a vu le sieur Alix, ex-colonel d'état-major ?

R. — Que l'ex-colonel Alix est arrivé le lendemain de son arrivée à Brest, et qu'il est allé le voir le jour même.

D. — Nous lui avons demandé s'il n'a pas eu d'entretien avec Alix, relatif au mouvement qui s'est opéré ?

R. — Non, je l'ignorais moi-même à cette époque.

D. — A lui demandé s'il a envoyé à Alix un récit de son expédition contre Saumur ?

R. — Non.

D. — A lui demandé s'il n'est pas descendu chez Gaucher en arrivant à Saumur, et s'il n'est pas allé coucher chez Chauvet ?

R. — Répond et convient, et que c'est Grandmenil qui l'a conduit chez Gaucher qu'il ne connaissait pas précédemment.

D. — A lui demandé dans quelle voiture il est venu de Rennes à Saumur ?

R. — Je suis venu dans un cabriolet de la couleur

duquel je ne me rappelle pas, ne sachant à qui il appartenait.

D. — A lui demandé ce qu'il a fait dans la matinée du jour où il était chez Chauvet?

R. — Chauvet nous y donna à déjeuner avec Caffé et plusieurs autres personnes dont je ne me rappelle pas les noms. Le même jour je fus chez Caffé, où je couchai jusqu'à mon départ pour Thouars. Pendant que j'y étais, Cossin est venu me voir, et il m'a trouvé me promenant dans le jardin.

D. — A lui demandé si, étant à Saumur, il y a été question du mouvement pour lequel on l'y avait amené?

R. — Qu'il y a été question chez Gaucher, où il y avait une réunion fort nombreuse dont Cossin et Chauvet faisaient partie.

D. — Nous lui avons demandé s'il savait ce qui devait se passer à Saumur le 24 février?

R. — On m'avait promis de faire à Saumur le même mouvement qu'à Thouars et de me seconder.

D. — Nous lui avons demandé si, lorsque Moreau vint le voir, il lui annonça qu'il lui amènerait beaucoup de monde?

R. — Moreau m'annonça qu'il amènerait au moins deux cents hommes, et il ne m'en amena qu'environ quinze.

D. — Nous lui avons demandé si, sur la place Saint-Médard, on ne cria pas *vive l'Empereur?*

R. — Je n'ai point entendu un pareil cri.

D. — A lui demandé si, à Thouars, le 24, il n'annonça pas qu'il arriverait mille hommes d'Angers?

R. — Je n'ai point dit cela : j'ai pu dire seulement, dans la conversation et dans des maisons particulières, qu'Angers seconderait le mouvement, parce qu'en effet on l'avait promis.

D. — A lui demandé s'il n'a pas dit à Thouars, le 24,

qu'il avait reçu une lettre de Benjamin Constant, par laquelle il lui annonçait que le même mouvement éclatait dans toute la France?

R. — Répond et nie qu'il n'a point reçu de pareille lettre, et qu'il n'en a jamais parlé.

D. — A lui demandé si à Thouars, il n'a pas dit, le 24, que les généraux Foy, Sébastiani, Lafayette; Benjamin Constant et Kératry étaient à la tête du gouvernement provisoire qui s'était formé à Paris?

R. — Répond et nie.

Lecture à lui faite du présent interrogatoire, il a dit qu'il contient vérité, qu'il ne veut y ajouter ni diminuer, y persiste, et a signé, et avons signé avec M. le procureur général et notre greffier.

Signé en la minute : Le maréchal de camp BERTON.
MANGIN.
Baron DE BERNARD.
GINOT, greffier.

Second interrogatoire de BERTON le 27 juin 1822, devant M. DE BERNARD, premier président de la Cour royale de Poitiers.

D. — Quels sont vos noms, etc?

R. — J.-Baptiste Berton, etc.

D. — Nous lui avons observé que, dans son précédent interrogatoire, il nous avait dit que *Grandmenil* était allé l'inviter à revenir près de Saumur, et qu'il était revenu sur son invitation. Nous lui avons demandé où il était quand *Grandmenil* était allé le trouver.

R. — J'étais dans la Saintonge. Je ne veux pas révéler le lieu ni le nom de la personne qui m'a reçu, parce que je me présentais comme étant dans le malheur, et d'ailleurs elle ne m'a pas connu pendant plusieurs jours.

D. — Nous lui avons demandé s'il connaissait le général Foy, membre de la Chambre des députés?

R. — J'ai connu beaucoup à l'armée le général Foy, mais depuis deux ans je ne suis pas allé chez lui à Paris.

D. — Nous lui avons demandé s'il avait eu des relations avec Benjamin Constant?

R. — Je suis allé quelquefois chez lui les jours où il tenait société, et je l'ai rencontré dans d'autres sociétés, mais je ne l'ai jamais vu en particulier.

D. — Aviez-vous des fréquentations avec le général Lafayette?

R. — Je ne l'ai vu que dans des sociétés, et encore très-rarement, mais jamais en particulier.

D. — Nous lui avons représenté un morceau de papier sur lequel sont écrites neuf lignes commençant par ces mots: *Le général commandant de l'armée de l'Ouest*, finissant par le mot *Berton*, contenant la nomination de *Delâtre* au grade de brigadier dans la brigade de la gendarmerie à la résidence de Thénezay, en remplacement de Chalopin destitué, et d'autres nominations. Nous l'avons interpellé de nous déclarer si ladite signature Berton n'est pas la sienne?

R. — Je n'ai aucun souvenir d'avoir fait de pareilles nominations, ni d'avoir donné ladite signature, que je ne crois pas être la mienne, quoiqu'elle soit assez bien imitée.

D. — Nous l'avons interpellé si, lorsqu'il passa à Nantes pour venir à Saumur, il connaissait particulièrement Cossin, et depuis quand?

R. — En me promenant au Palais-Royal, l'année précédente, je fus accosté par un particulier qui me connaissait et dont je ne me rappelle pas le nom. Ce particulier me présenta M. Cossin, et j'eus si peu de relations avec lui, que je ne l'aurais pas reconnu à Nantes lorsqu'il se présenta à moi et qu'il se nomma lui-même.

D. — Nous lui avons demandé si, pendant son séjour à Saumur, il a rencontré, dans les différentes réunions où il s'est trouvé, le nommé Tisseau-Gauchais ?

R. — Je crois que ledit Tisseau-Gauchais s'est trouvé dans lesdites réunions; mais je ne le connais pas et je ne sais pas si je le reconnaîtrais en le voyant.

Ici on confronte Berton avec Gauchais : il croit l'avoir vu. Gauchais dit ne l'avoir jamais vu.

D. — Nous lui avons demandé s'il se rappelle le jour où son grand uniforme a été déballé chez Saugé ?

R. — Mon uniforme a été apporté dans une chambre le soir même de mon arrivée, et il a été déballé le lendemain vendredi 22 février.

D. — Nous lui avons demandé qui a payé la dépense qui a été faite pour sa table pendant son séjour chez Saugé ?

R. — Je ne sais pas qui a payé. Je sais seulement que je n'ai absolument rien payé, sauf l'étrenne à la domestique.

D. — Demandé s'il est à sa connaissance que les *chevaliers* dits *de la liberté* correspondent entre eux par des portions de cartes déchirées ?

R. — Je l'ignore; j'ai seulement lu leur règlement à Saumur.

D. — Nous lui avons représenté un passeport délivré par le maire de Rennes, le 13 février 1822, au nommé *Jollivet*, et l'avons interpellé de nous dire comment il s'est procuré ce passeport ?

R. — Il m'a été remis par un ami, croyant qu'il me l'a été par *Heureux*; mais j'affirme qu'il ne m'a pas été remis par *Jollivet*.

D. — Nous lui avons demandé s'il connaît l'auteur de la signature Jollivet tracée sur ce passeport ?

R. — Non. Ce n'est pas moi qui l'ai faite.

D. — Nous lui avons représenté trois portions de cartes,

dont deux triangulaires et une quadrangulaire, lesquelles ont été trouvées dans ses papiers, et l'avons interpellé de nous dire quelle était la destination de ces cartes ?

R. — La coupe de ces cartes était purement de fantaisie, et je les destinais à être insérées dans une correspondance que j'avais avec une femme de ma connaissance qui m'avait rendu service, afin qu'elle reconnût que la lettre qu'elle recevait était de moi, quoiqu'elle ne fût pas écrite de ma main pour ne pas la compromettre.

D. — Nous lui avons représenté un carré de papier divisé en petits carrés dans chacun desquels se trouvent une ou plusieurs lettres de l'alphabet, et nous lui avons demandé quelle était la destination de ce tableau ?

R. — C'était un tableau destiné à donner la clef d'une correspondance en chiffres dont nous nous servions à l'armée d'Espagne.

D. — Nous lui avons demandé s'il a su comment le colonel *Alix*, qui est allé le visiter à Brest, a connu son arrivée en cette ville ?

R. — Je l'ignore.

D. — Demandé si les réunions auxquelles il a assisté à Saumur, chez Gauchais, étaient nombreuses, et s'il y avait des habitants de la campagne ?

R. — Elles étaient nombreuses, du moins elles étaient composées d'environ trente personnes, et l'on m'a dit qu'il y avait des habitants de la campagne.

Plus n'a été interrogé, etc., et a signé avec nous, M. le procureur général et notre greffier.

Signé : Le maréchal de camp BERTON.
Baron DE BERNARD.
GINOT, greffier.

Au bas de la copie de ces interrogatoires figure la note suivante :

« Dans un de ces interrogatoires, M. de Bernon, lieu-

» tenant de gendarmerie, voulut assister et élever la voix.
» Berton lui imposa silence et exigea qu'il sortît : ce qui
» fut fait. »

XXVI.

Poitiers, le 14 août 1822.

*Extrait d'une lettre du Préfet de la Vienne
au Directeur général de la police.*

Le bon M. Demarçay est arrivé dans le département de la Vienne par la diligence et sous un autre nom que le sien...... Vous pouvez compter que je le ferai surveiller très-exactement dans les incursions qu'il ne manquera pas de faire de sa campagne à Poitiers pendant le procès.

On applaudit fort à l'idée que j'ai eue de faire construire deux grands chariots couverts pour conduire les prisonniers de la prison au tribunal.

. . . .

C'est aujourd'hui que je fais faire les notifications aux jurés; dès demain donc leurs noms ne seront plus un secret. Je m'attends à ce que les menaces contre eux vont se multiplier; si j'étais assez heureux pour faire saisir l'auteur ou le colporteur d'une seule d'entre elles, je suis assuré que si bonne et si prompte justice serait faite qu'on n'oserait pas y revenir.

J'ai l'honneur......

(Archives départementales de la Vienne.)

PIÈCES JUSTIFICATIVES. 177

ASSISES EXTRAORDINAIRES.

3e trimestre 1822.

Session du 26 août.

LISTE DES TRENTE-SIX JURÉS

Qui doivent composer le jury à la session extraordinaire des assises du département de la Vienne qui s'ouvriront à Poitiers le 26 août 1822.

N° d'ordre.	NOMS ET PRÉNOMS.	QUALIFICATIONS.	DOMICILES.
1	Dechessé Jean.	Électeur.	Mezeaux.
2	Du Patural André-Louis.	Électeur, anc. colonel.	Vouneuil-sous-Biard.
3	Comte de Tudert François-Marie-Claude.	Électeur.	Béruges.
4	Des Places-Desessarts.	Conseiller de préfecture.	Poitiers.
5	Bréant Pierre.	Électeur	Id.
6	Chevallot, marquis de Boisragon, Armand-Alexandre.	Id.	Id.
7	Laprade Martin-Antoine-Jacques.	Électeur et maire.	Lussac.
8	Comte de Greaulme Alexandre-Pierre-Marie.	Électeur.	Bonnes.
9	La Sayette Ferdinand.	Électeur et maire.	Jardres.
10	Bichier des Aâges.	Entreposeur des tabacs.	Montmorillon.
11	Comte de Vaucelles Louis.	Électeur et maire.	Buxeuil.
12	Danglure.	Directeur des contributions indirectes.	Châtellerault.
13	De Rouhault.	Électeur et maire.	Scorbé-Clervault.
14	Taveau-Morthemer Armand.	Id.	Montamisé.
15	Dubouex, marquis de Villemort, Joseph-Marie.	Id.	Villemort.
16	Comte de Menou.	Entreposeur des tabacs.	Poitiers.
17	Descourtils Henri.	Électeur.	Saint-Léger-la-Pallu.
18	Couhé de Lusignan Tite-Marie-Louis.	Id.	Poitiers.

N° d'ordre.	NOMS ET PRÉNOMS.	QUALIFICATIONS.	DOMICILES.
19	Boesnet.	Électeur et maire.	Marigny-Brizay.
20	Marquis de Voluire.	Électeur.	Saint-Ustre.
21	De Savatte Gabriel-Louis-Marie.	Électeur et percepteur.	Fleuré.
22	Duvigier de Mirabal.	Électeur.	Poitiers.
23	Dupaty de Clam Charles.	Id.	Ligugé.
24	Comte de La Brosse Louis-Gabriel.	Id.	Poitiers.
25	Girard de Pindray Bonaventure.	Électeur et maire.	Pindray.
26	Balton La Cote Jean-Philippe-Étienne.	Id.	Étables.
27	De Céris Marie-Joseph	Électeur.	Civaux.
28	Léveillé-Duchaume.	Id.	Châtellerault.
29	Morin de La Salle Pierre.	Électeur et maire.	Ste-Radégonde
30	Collet Jean-Augustin.	Notaire.	Archigny.
31	Pelletier Louis.	Électeur.	Poitiers.
32	Venault Mathurin.	Id.	Celle-l'Évécault.
33	De La Lande Jean-Marie.	Électeur et adjoint.	Marigny-Brizay.
34	De Ferey Louis.	Électeur et maire.	Mouterre.
35	Poignant de La Salinière Benjamin.	Électeur.	Mirebeau.
36	Delavau de La Massardière Jacques.	Id.	Thuré.

La liste qui précède est la reproduction fidèle d'une liste imprimée, signée du président des assises et *pour copie conforme* du préfet de la Vienne, qui fut signifiée à l'accusé Lambert par le ministère de l'huissier Fradin.

Il y a une remarque fort importante à faire à propos de ce document : onze noms de jurés ont été inexactement indiqués, en ce sens qu'on leur a enlevé la particule. Cela eût pu paraître étrange de voir trente-trois nobles sur trente-six jurés ; aussi employa-t-on un subterfuge puéril, en donnant un semblant de roture à MM. de Chessé, de Laprade, de La Sayette, d'Anglure,

Thaveau de Morthemer, des Courtils, de Boisnet, Balton de La Côte, Leveillé du Chaume, Pelletier de Montigny, et de Venault.

DÉPARTEMENT de la Vienne.

Arrondissement de Châtellerault.

Châtellerault, le 14 août (soir) 1822.

Monsieur le Préfet,

Je reçois à l'instant votre lettre confidentielle relative au choix des jurés, et la commission que vous me donnez *de traiter directement avec chacun d'eux pour obtenir la promesse positive de répondre à l'honneur que vous leur faites.* Je m'empresse de vous prévenir que je voudrais en vain cacher les motifs qui me feraient les rechercher pour la plupart ; je connaissais dès ce matin les noms de ceux qui ont été désignés, et ce n'est plus un secret dans Châtellerault ; n'y aurait-il pas, en conséquence, Monsieur le préfet, un grave inconvénient à mettre du mystère dans des démarches facilement soupçonnées, et croyez-vous que je doive en risquer lorsque, sur les huit jurés, à peine en est-il un sur lequel je puisse élever quelque doute ? J'attendrai votre réponse, Monsieur le préfet, avant de passer outre, et je vous prie de compter sur ma discrétion et sur le zèle que je mettrai toujours à seconder vos vues.

J'ai l'honneur de vous saluer respectueusement.

DE BEAUCHAMP [1].

---

[1] Le baron de Selles de Beauchamp, sous-préfet de Montfort, avait été nommé, le 15 juillet 1821, sous-préfet à Châtellerault, où il est resté jusqu'en 1825.

P. S. — Vous pouvez compter *absolument* sur MM. de Vauxelles, de Rouhault, Danglure, de Volvire, L'Eveillé, Collet (ce dernier est cependant malade) et Morin de la Salle. M. de La Veau de La Massardière est, dit-on, malade; j'ignore si sa maladie est véritable.

(Archives départementales de la Vienne.)

Poitiers, le 26 août 1822.

Monsieur le Directeur,

La séance finit à cinq heures. Tout s'est bien passé. J'ai bien eu les yeux sur les deux rédacteurs libéraux; ils ont très-peu écrit, *ils composeront*. J'ai, je crois, bien pris mes mesures pour qu'ils ne puissent pas avoir de courriers. La diligence! voilà notre écueil, et il est très difficile de l'éviter. Le rédacteur du *Courrier* m'a demandé, en son nom et en celui des autres journaux de même farine, la permission d'envoyer une estafette. J'ai répondu : *Non : les instructions du gouvernement s'y opposent ; et si le gouvernement n'avait pas donné d'instructions, je vous ferais la même réponse*. Il y aurait aussi par trop de bonhomie à ne faire aucune distinction entre nos amis et ceux qui ne le sont pas. Voilà qui va me faire mettre en pièces par les journaux du parti, et c'est ce dont je m'inquiète peu.

Berton n'aura pas l'avocat libéral qu'il avait appelé de la Rochelle.

..... Sur les trente-six jurés, trente-cinq ont répondu à l'appel. Voilà une première preuve de la bonté des choix. Le trente-sixième est malade; il le fallait bien, et que sa maladie fût grave, pour qu'il ne vînt pas.

..... Les douze jurés sont tous des hommes recommandables et de très-bons royalistes.

Ce sont :

MM.

Le marquis DE BOISRAGON, chef du jury, *très-bon.*

DE ROUHAULT, ancien chef d'escadron de gendarmerie, *très-bon.*

DE MORTHEMER, *très-bon.*

PELLETIER Louis, *bon.*

DE VOLUIRE, *très-bon.*

DE LALANDE, *bon.*

DE LUSIGNAN, *trop bon, car sa santé voulait qu'il n'acceptât pas; c'est-à-dire qu'il en a dit un mot au procureur général : il n'en a rien fait. Puisse cette résolution le débarrasser de la fièvre !*

BOISNET, *bon.*

DE CLAM, *très-bon.*

DE GREAULME, *bon.*

DES AGES, *bon.*

DE LA SAYETTE, *très-bon.*

Tous sont également royalistes, gens d'honneur et de résolution. Il n'y a d'autre différence entre eux que des modifications, non d'opinions, mais de caractère; ceux que je n'ai dits que bons sont seulement moins chauds dans leurs paroles. Je m'étends beaucoup sur cet article parce que c'est là le principal.

Tout me fait présager un bon jugement.

La fête publique pour la Saint-Louis a été charmante, vive, animée; le peuple y a manifesté les meilleurs sentiments.

J'ai l'honneur.....

Le préfet de la Vienne,
Baron LOCARD.

A Monsieur le Directeur de la police.

(Archives nationales.)

Poitiers, le 6 septembre 1822.

Monsieur le Directeur,

..... Je ne sais pas, mais je suis sûr que cent rapports particuliers, des notes, des lettres ont présenté bon nombre des jurés comme faibles : eh bien! moi qui les connais tous, qui les vois, qui les entends chaque jour, je vous prédis, et vous pouvez en donner en mon nom l'assurance à Son Excellence, qu'il se pourra très-bien qu'elle croie, quand le verdict du jury sera connu, devoir solliciter quelques grâces de Sa Majesté ; mais le gouvernement n'aura pas lieu de craindre que l'issue du procès soit, comme celle de tant d'autres de la même nature, un encouragement à la révolte.

..... Je vous ai dit hier l'effet prodigieux que la première partie du discours de M. le procureur général avait produit. Ses conclusions dans la séance de l'après-midi n'ont pas réuni les suffrages des jurés. Nombre d'entre eux les trouvent beaucoup trop modérées. J'ai prévenu le procureur général de tout ce qui se passait à cet égard.....

..... Tout finira bien. Plus que jamais j'en ai la conviction.

Je suis.....

Le préfet de la Vienne,
Baron LOCARD.

A Monsieur le Directeur de la police.

(Archives nationales.)

XXVII.

Interrogatoire, en date du 29 juillet 1822, du général BERTON, *par M.* Parigot, *président de la Cour d'assises.*

(Extrait.)

D. — Avez-vous fait choix d'un défenseur ?
R. — J'ai écrit hier à M⁰ Mérilhou, avocat à Paris, pour le prier de se charger de ma défense, et, dans le cas où il ne pourrait, de choisir un de ses collègues en mon nom.

En attendant, et dans le cas où les défenseurs choisis par l'accusé n'obtiendraient pas l'agrément de Son Excellence le garde des sceaux, nous lui avons nommé d'office M. Barbault neveu, avocat au tribunal de première instance de cette ville.

Cet interrogatoire de forme est fort court. C'est le seul de Berton existant dans le dossier, qui a été l'objet d'un véritable pillage. Il ne s'y trouve pour ainsi dire plus aucune pièce importante. Tout a disparu !

Alexis-Sylvain Drault est né à Poitiers, en 1794, de parents pauvres. Il reçut une éducation libérale et fut reçu avocat en 1819. Nommé avocat d'office de Berton en 1822, il essaya par son silence de protéger la vie de son client.

Mangin voulut le forcer à dire qu'il s'en rapportait à justice ; mais Drault se refusa formellement à prononcer ces paroles, qui, légalement parlant, pouvaient être considérées comme un simulacre de défense de l'accusé.

Cet acte d'indépendance et de courage le fit rayer du tableau des avocats.

Dès ce moment Drault devint un homme politique.

Nommé premier avocat général à Poitiers en 1830, il ne tarda pas à être révoqué à la suite d'un discours dans lequel il blâmait le ministère, discours prononcé par lui à la Chambre où il avait été envoyé en 1833 pour représenter l'arrondissement de Poitiers.

Député pendant quinze années, il fut nommé, en 1848, membre de l'Assemblée nationale par 51,000 suffrages. Le gouvernement provisoire le désigna pour remplir les fonctions de procureur général près la Cour de Poitiers. La mort vint le surprendre la même année. Il fut enterré en grande pompe à Poitiers, le 8 décembre 1848.

Drault n'avait peut-être pas de qualités éminentes; mais il dut aux circonstances exceptionnelles de l'affaire Berton, et aux mesures rigoureuses prises contre lui, sa popularité et sa fortune politique. Ce fut avant tout un libéral convaincu et un homme de bien.

XXVIII.

Rochefort, le 22 août 1822.

Mon cher camarade,

Je vous préviens que le sieur Ménard, avocat à Rochefort, vient de partir pour Poitiers dans l'intention d'y défendre la cause de l'ex-général pépé Berton. Ledit sieur Ménard est un homme extrêmement dangereux, grand libéral, et un des chefs des chevaliers de la liberté ; il a quelques moyens. Je crois qu'il serait essentiel de le faire surveiller.

Il paraît qu'ils se connaissent parfaitement, et que si ledit Berton est venu à Rochefort, comme quelques personnes le croient, il y a à présumer que c'est chez le sieur Ménard qu'il aura trouvé un asile : ce n'est cependant qu'une conjecture.

Recevez......

Le lieutenant de l'arme,
Chevalier DE VIRSAY.

A Monsieur DE JALLAIX, *lieutenant, commandant par intérim la gendarmerie royale de la Charente-Inférieure, à la Rochelle.*

(Lettre transmise au Préfet de la Vienne.)

(Archives départementales de la Vienne.)

XXIX.

J'ai visité le local où avaient lieu les entrevues des accusés avec les avocats à la prison de la Visitation de Poitiers.

C'est un corridor d'environ un mètre et demi de largeur, éclairé par deux fenêtres grillées donnant sur un cloître.

En face de ces fenêtres on fit percer, spécialement pour cette affaire, deux ouvertures grillées donnant accès dans une salle qui sert actuellement pour les magistrats qui se transportent à la prison.

C'est par ces ouvertures que les communications avaient lieu. Les gendarmes occupaient le corridor et l'accusé était à trois ou quatre mètres de distance de son avocat, et séparé de lui par une double grille.

La lettre suivante du préfet Locard prouve la différence qui fut faite entre les divers accusés. Ce que Mᵉ Pontois put obtenir aisément fut formellement refusé à Mᵉ Drault, défenseur de Berton.

A Monsieur le Préfet du département de la Vienne.

Monsieur le Préfet,

Nommé d'office par M. le président des assises pour défendre plusieurs des accusés impliqués dans la conspiration de Thouars, j'ai voulu user de la faculté accordée au conseil, par l'article 302 du Code d'instruction criminelle, de *communiquer* avec les accusés.

Je me suis donc présenté à la prison de la Visitation, en vertu d'un permis délivré par M. le procureur général. Le concierge m'a déclaré que la communication ne pourrait avoir lieu *qu'entre les deux guichets*, en présence d'un des gardes de la prison. J'ai dès lors, de mon côté, déclaré au concierge que, pour le moment, je préférais ne pas communiquer, et que je porterais ma réclamation devant l'autorité compétente.

Vous n'ignorez pas, Monsieur le préfet, la manière dont est disposé le local où sont établis les guichets. L'avocat se trouve en dehors, placé dans un corridor ouvert à tous ceux qui entrent et sortent de la prison ; l'accusé est dans l'intérieur d'une petite salle faisant partie d'une plus grande et fermée seulement de planches mal réunies, derrière lesquelles se placent ou du moins peuvent se placer des personnes qui entendent tout ce qui se dit.

Je viens donc, Monsieur le préfet, vous prier de vouloir bien donner des ordres à la prison afin que, tout en prenant les mesures nécessaires à la sûreté, le droit de défense ne soit pas totalement paralysé ; car qui voudrait recevoir ou faire des confidences sous l'œil des guichetiers ?

J'ose espérer, Monsieur le préfet, que vous ferez droit à ma demande ; cependant, quelle que puisse être votre décision, à laquelle je serai tout le premier à me soumettre, veuillez, Monsieur le préfet, m'honorer d'une réponse. Car si vous ordonnez que les communications ne pourront avoir lieu que dans le local actuel, je me verrai alors forcé d'écrire à M. le président des assises pour le prier de vouloir bien confier à d'autres mains la défense des individus pour lesquels il m'a nommé.

J'ai l'honneur d'être.....

Signé : PONTOIS, avocat.

Poitiers, le 1er août 1822.

Le 2 août 1822, le préfet de la Vienne répondit :

« Vos observations étaient trop justes, Monsieur, pour que je ne misse pas autant d'empressement à y faire droit qu'à vous informer des ordres que j'ai donnés ce matin aux concierges de la Visitation, afin que MM. les avocats puissent communiquer avec leurs clients dans un local isolé et convenable. »

XXX.

Copie d'une lettre écrite le 6 août 1822 à M. le Garde des sceaux par M. le Procureur général près la Cour royale de Poitiers.

Monseigneur,

L'enquête si vivement (en apparence) demandée par les députés nommés dans l'acte d'accusation se fera naturellement à la Cour d'assises. De là la nécessité de constater fidèlement le résultat des débats.

Un imprimeur de Poitiers, mauvais homme [1], et Beaudouin frères, de la librairie constitutionnelle, viennent de répandre un prospectus dans lequel ils annoncent un compte *impartial et vrai* de toutes les séances. Il n'est pas douteux que le compte sera infidèle, de mauvaise foi et tout à fait dans le sens libéral. M. le président des assises et moi sommes décidés à ne point favoriser l'entreprise, pour laquelle d'ailleurs on a évité de nous consulter, à l'entraver autant qu'il sera en nous, à ne permettre à aucun sténographe l'entrée dans le parquet. Mais il se peut cependant que ces obstacles n'arrêtent point l'entreprise.

Ne serait-il pas possible que Votre Grandeur envoyât ou fît envoyer par le ministère de l'intérieur un sténographe, de traiter avec un imprimeur honnête homme, que nous avons à Poitiers [2], de lui faire débiter à un prix modique le compte des séances? Celui des libéraux coûtera 12 fr., d'après le prospectus: que celui officiel n'en coûte que 5, il sera plus répandu et fera tomber le premier.

Si Votre Excellence approuvait ce projet, il serait utile de faire paraître, sans retard, un autre prospectus.

Je surveillerai et ferai surveiller la rédaction de notre compte; ni temps ni peine ne me coûteront pour que la vérité apparaisse pure et intacte à la France.

Je suis.....

Signé : MANGIN.

Pour copie conforme :
Le maître des requêtes, secrétaire général du ministère de la justice,

DE VATISMENIL.

(Archives nationales.)

---

[1] Catineau.
[2] Barbier.

XXXI.

Sentant combien le gouvernement était ébranlé, Mangin, dont le dévouement n'allait pas jusqu'à l'abandon de toutes fonctions, voulut rentrer en possession de l'inamovibilité. Il obtint une ordonnance qui fut tenue secrète, par la raison que le roi voulait le conserver encore à la préfecture de police. Ce subterfuge n'eut aucun succès; Mangin fut surpris par la révolution de 1830, dont il chercha vainement à empêcher le triomphe. Il dut fuir en toute hâte en Belgique. Il fixa enfin sa résidence à Soleure, en Suisse.

Paris, le 11 juin 1830.

Monsieur le Préfet,

J'ai l'honneur de vous adresser une ampliation de l'ordonnance royale, en date du 2 juin, qui vous nomme conseiller à la Cour de cassation.

Je vous transmets en même temps une lettre pour M. le procureur général près la Cour de cassation, et une ampliation de cette même ordonnance. *Vous remarquerez que la lettre d'envoi ne porte aucune date.*

Recevez, etc.

Le garde des sceaux, ministre secrétaire d'État de la justice,

Signé : De CHANTELAUZE.

A Monsieur Mangin, préfet de police.

(Éloge de Mangin, par M. Roy de Pierrefitte.)

XXXII.

Le 20 décembre 1833, Mangin, alors à Soleure, sollicita son inscription au tableau des avocats près la Cour de Metz. La délibération prise par le conseil de l'Ordre mérite d'être reproduite, car elle prouve que ce ne fut pas seulement à Poitiers que les actes de la carrière judiciaire et politique de Mangin furent sévèrement jugés.

Vu la demande formée par M. Mangin, à la date du 20 décembre 1833, à l'effet d'être réintégré sur le tableau des avocats à la Cour de Metz ; — considérant qu'indépendamment de ce que les journaux du temps ont adressé à M. Mangin le reproche le plus grave pour la conduite violente qu'il a tenue dans le procès du général Berton, il est de notoriété publique qu'en juillet 1830, M. Mangin, alors préfet de police à Paris, s'est associé, autant qu'il était en lui, à la violation des lois fondamentales de l'État, et a prêté son appui aux ordonnances de Charles X, dont il a soutenu l'exécution par tous les moyens qui étaient en son pouvoir ; que, si les efforts de M. Mangin ont été inefficaces, et si, à la suite de ces événements, il s'est réfugié en pays étranger, on ne doit pas moins le considérer comme ayant coopéré activement aux mesures prises par les ministres détenus au fort de Ham ; — considérant que ces actes de M. Mangin méritent le blâme public ; mais qu'il serait inique et contraire aux règles d'une liberté bien entendue qu'une corporation privilégiée pût empêcher un citoyen d'exercer une profession qui a fait l'objet de ses études, et le priver ainsi du fruit de son travail ; que ce serait d'autant plus injuste que le droit conféré aux conseils de discipline ne résulte d'aucune loi, mais seulement d'actes émanés du pouvoir exécutif; qu'il répugne d'ailleurs au conseil d'imiter le scandaleux exemple donné pendant la Restauration par le conseil de discipline du barreau de Paris, à l'égard de Manuel et de M. Comte; — considérant que M. Mangin a son domicile légal à Paris, et que sa lettre adressée à M. le bâtonnier est datée de Soleure; que c'est donc le cas, tout en accueillant sa demande, de n'y faire droit que lorsqu'il aura transféré son domicile à Metz;

Par ces motifs, le conseil accueille la demande formée par M. Mangin, en conséquence décide que son nom sera inscrit sur le tableau des avocats de la Cour de Metz immédiatement après qu'il aura fixé son domicile à Metz, et charge M. le bâtonnier de l'exécution de la présente délibération.

Fait et arrêté le 2 janvier 1834.

XXXIII.

A Monsieur le premier Président de la Cour royale de Poitiers.

Monsieur le premier Président,

Forts de notre innocence et de la pureté de nos intentions, nous ne penserions pas devoir vous prémunir contre les rapports injurieux à notre conduite qu'on pourrait vous faire, si nous n'avions déjà éprouvé l'effet des corrosives calomnies que sont susceptibles de se permettre les hommes à la surveillance desquels nous sommes confiés.

Aujourd'hui, plus que jamais, nous avons à craindre l'inventive méchanceté de quelques-uns d'entre eux ; nous voulons vous parler, Monsieur le président, du concierge Champion, qui, constamment inspiré par un sordide intérêt, lasse enfin notre générosité et nous force à retirer du dehors les vivres que nous prenions chez lui. Nous ne doutons pas, Monsieur, que l'autorité, instruite de cette circonstance, n'apprécie les mesures de confiance que mériteront ses infidèles dénonciations, et ne nous protége activement contre les vexations dont il nous menace et que déjà il a commencé à nous faire éprouver.

Nous avons l'honneur d'être, avec un profond respect, Monsieur le président, vos très-humbles et très-obéissants serviteurs.

Signé : FRADIN DES DOLINIÈRES. — JOSEAU RICQUE, ch. — BAUGÉ. — BEAUFILS. — SANZAY. — LEDAIN, d. m. — LAMBERT. — DEBEAUFORT, av.

(Collection d'autographes de M. Bonsergent.)

Poitiers, le 25 juin 1822.

Monsieur le Directeur,

Le général Berton, qu'une foule de gens croyaient un conspirateur, n'est autre chose qu'un agent provocateur ; si vous ne me croyez pas, vous pouvez le demander à nos libéraux : ils vous l'affirmeront. C'est depuis deux jours leur nouvelle de place. Il faut les plaindre, ou pour mieux dire il faut nous féliciter qu'ils soient réduits à débiter de telles sornettes. Elles ne peuvent pas faire de dupes ; ou si elles en font, les débats leur ouvriront les yeux.

Berton m'a écrit le 23 pour me demander un logement

plus sain, mieux aéré que celui qu'il occupe, et qui, m'assure-t-il, peut le rendre malade.

..... D'après ce que le premier président et le procureur général m'ont dit, Berton a la figure toute bourgeonnée, ce qui annonce un sang très-échauffé, par conséquent le besoin d'un air plus vif que celui du cachot qu'il occupe encore.

Il est fort important qu'il ne tombe pas malade, et surtout qu'il ne meure pas en cachette. L'essentiel est que sa prison soit sûre et bien isolée. Les conditions sont remplies; vous pouvez avoir l'esprit en repos sur ce prisonnier et sur ceux de ses complices qui sont dans nos prisons. Ce sera probablement jeudi prochain que notre vigoureux et loyal procureur général fera son rapport à la chambre des mises en accusation.

..... J'ai l'honneur.....

Le préfet de la Vienne,
Baron LOCARD.

A Monsieur le Directeur de la police.

(Archives nationales.)

XXXIV.

Arrêt de DRAULT.

13 septembre 1822.

Louis, par la grâce de Dieu, roi de France et de Navarre, à tous présents et à venir, salut.

La Cour d'assises du département de la Vienne, séant à Poitiers, a rendu l'arrêt suivant :

Vu le réquisitoire de M. le procureur général, en date

du 12 de ce mois, tendant à ce qu'il soit ordonné par M. le président de la Cour d'assises de Poitiers à M⁰ Drault de comparaître, demain 13, par-devant les président et conseillers de ladite Cour ;

Vu l'ordonnance rendue sur ledit réquisitoire par M. Parigot, président des assises, en date du même jour ;

Vu également la citation donnée, le même jour 12 septembre, à M⁰ Drault, avocat, à comparaître le 13 du présent, à midi, par exploit de Charlet, enregistré et en forme ;

Ouï M. le procureur général en son réquisitoire ;

Attendu que M⁰ Drault a été nommé d'office par le président des assises pour assister Berton de ses conseils et pour l'aider dans sa défense ;

Attendu que, par arrêt du 26 août dernier, la Cour a enjoint de nouveau à M⁰ Drault d'assister aux débats pour y soutenir la défense de Berton ;

Attendu que, dans le cours des débats, M⁰ Drault a, du consentement de son client, donné lecture des conclusions prises par ce dernier ;

Attendu que, dans les mêmes débats, M⁰ Drault a fait, dans l'intérêt de son client, des observations sur les dépositions des témoins ;

Attendu que, dès lors il avait annoncé formellement l'intention d'obéir à la Cour ;

Attendu cependant qu'après l'audition des témoins, et lorsque la parole a été donnée à l'avocat de Berton, M⁰ Drault a refusé de parler, prétextant qu'il nuirait à son client ;

Attendu que la Cour, après avoir employé tous les moyens de douceur et les observations les plus propres à le rappeler à l'accomplissement des devoirs que lui imposaient la loi et son serment, a poussé l'indulgence jusqu'à suspendre son audience pour donner à M⁰ Drault le temps de se recueillir et de réfléchir à ce qu'il avait à faire ;

Attendu que Mᵉ Drault s'est obstiné à refuser de prendre la parole pour son client ;

Attendu qu'il a renouvelé le même refus jusqu'au jugement de l'affaire ;

Attendu qu'à l'audience du 12, Mᵉ Drault, qui devait être présent, a été invité par le président de se trouver à midi dans la salle des audiences par-devant la Cour, pour expliquer sa conduite et la justifier ; que Mᵉ Pontois s'est chargé de prévenir son collègue de la décision de la Cour ;

Attendu que Mᵉ Drault n'a pas comparu à l'audience d'hier, sans alléguer aucune excuse ;

Attendu que, par ordonnance du président, rendue sur le réquisitoire de M. le procureur général, dûment notifiée le jour d'hier à Mᵉ Drault, il a été assigné à comparaître aujourd'hui par-devant la Cour ;

Attendu qu'il ne comparaît pas et qu'il ne propose aucune excuse pour s'en dispenser ;

Attendu qu'il est évident que la conduite de Mᵉ Drault n'a eu et n'a encore pour motif que l'intention de causer du scandale ;

Attendu qu'en agissant comme il l'a fait, Mᵉ Drault a manqué au respect qu'il devait à la justice, aux justes égards qu'il devait aux magistrats, aux devoirs que la loi lui impose et au serment qu'il a prêté ;

Vu les articles 14, 38, 39, 42 et 25 du décret du 14 décembre 1810, ainsi conçus : (*Suivent lesdits articles.*)

. . . .

La Cour donne défaut contre Mᵉ Drault, et, faisant droit aux réquisitions du procureur général,

Raie Mᵉ Drault du tableau des avocats de la Cour royale de Poitiers ;

Ordonne que le présent arrêt sera exécuté à la diligence de M. le procureur général, et condamne Mᵉ Drault aux frais de la citation, montant à 3 fr. 95 c., non compris le coût de la signification du présent.

Prononcé au palais de justice, à Poitiers, le 13 septembre 1822, à l'audience publique, où étaient présents MM. Parigot, président, Millet, Roy, Baugier, conseillers en la Cour royale de Poitiers, et Allard, conseiller auditeur en ladite Cour, qui ont tous signé le présent arrêt.

Signé : Le président des assises, PARIGOT.
ROY. BAUGIER.
MILLET. ALLARD.

Enregistré à Poitiers le 14 septembre 1822, f° 19 v°, case 4, droit 1re, 1 fr. 10 à joindre aux dépens.

MANUEL.

— (Greffe de la Cour d'assises de la Vienne.)

XXXV.

Copie d'une dépêche de Monseigneur le Garde des sceaux au Procureur du roi à Nantes.

Paris, le 26 mars 1822.

Ministère
DE LA JUSTICE.

N° 41.

Monsieur,

Je suis informé, par voie indirecte, que l'ex-colonel Alix, arrêté à Nantes, n'est pas l'objet d'une surveillance aussi rigoureuse que semblerait l'exiger l'importance de l'affaire dans laquelle il est compromis.

Si j'en crois les détails qui me sont transmis, il n'a pas été mis un seul instant au secret; on se serait borné à l'empêcher de communiquer avec ceux des prisonniers détenus dans la même maison comme prévenus de participation au complot découvert à Nantes; on aurait même poussé la négligence jusqu'à lui permettre de voir une personne du dehors, le sieur Colombelle, qu'il a choisi pour son conseil.

Je désire que vous me donniez des renseignements sur ces faits, et, dans le cas où ils seraient exacts, vous me feriez connaître les motifs qui ont porté M. le juge d'instruction à s'écarter à ce point des règles de la prudence dans une affaire où l'intérêt de la justice réclamait les mesures de précaution qui ont été ainsi négligées.

Recevez.....

Le garde des sceaux, ministre secrétaire d'État de la justice,

Signé : DE PEYRONNET [1].

Pour copie conforme :

Le procureur du roi
  à Nantes,
    BERNARD père.

(Greffe de la Cour d'assises de la Vienne.)

---

[1] C'est ce même de Peyronnet qui apostropha un jour le premier président Séguier en ces termes : « *Vous êtes bien heureux d'être inamovible !* » Ce qui lui attira cette verte réponse du président : « *Et la France bien heureuse que vous ne le soyez pas !* »

XXXVI.

Poitiers, le 10 septembre 1822.

Monsieur le Directeur,

..... Jusqu'ici je n'ai pas un désordre à signaler ; mais, je vous le déclare, si je voyais se former des groupes, si je voyais de la tendance à les grossir, je ferais sur-le-champ arrêter les gens notoirement connus pour des libéraux entreprenants.

..... J'ai particulièrement recommandé qu'on ne perdît pas de vue tout membre du jury qui serait dans les rues à la tombée du jour ou pendant la nuit. J'espère que, du moins pour la nuit prochaine, ils tiendront compte de mes prières de ne pas sortir le soir. Je tremblerai jusqu'à demain matin qu'on n'en détourne un de son domicile, qu'on ne le mette en charte privée le temps nécessaire pour que la procédure doive être recommencée. Les jurés, pour la plupart, ne pourraient tenir à cette double épreuve, et bien certainement le président des assises n'y résisterait pas.

Chaque nuit le général couvre les rues de patrouilles ; il a notamment et très-judicieusement prescrit qu'elles fussent multipliées dans les rues isolées où il demeure des jurés.

Il est vraiment temps que le procès finisse. Le procureur général s'est montré dans sa réplique comme il l'avait fait dans son réquisitoire, c'est-à-dire franc, énergique et tout à fait à la hauteur de la cause qu'il avait à soutenir. Moins deux, savoir Drault, qui avait été chargé d'office de la défense de Berton, et Pontois, élève de

M. Voyer d'Argenson, le barreau de Poitiers s'est fait honneur dans cette grande affaire, et très-particulièrement les deux avocats qui sont à sa tête et qui laissent bien loin derrière eux tous leurs collègues, MM. Bréchard et Boncenne.

J'ai l'honneur.....

Le préfet de la Vienne,
Baron LOCARD.

A Monsieur le Directeur général de la police.

(Archives nationales.)

..... Il a forcé (le général de Malartic) d'une manière ridicule les obligations du service militaire dans les vues de s'attribuer tout le mérite du maintien de l'ordre, qui n'a pas été menacé un seul instant.

Ce que je dis est si vrai que les journaux libéraux n'auraient eu rien de mieux à faire, dans l'intérêt de leur parti, que de raconter avec exactitude ce que le général Malartic faisait ici pour faire croire que force ne restait à la loi que sous la protection des baïonnettes.

(*Extrait d'une lettre du baron* LOCARD, *préfet de la Vienne, au Directeur de la police, en date du 10 octobre 1822.*)

(Archives nationales.)

(*Particulière, confidentielle.*)   Poitiers, le 22 octobre 1822.

Monsieur le Directeur,

. . . .

Pour me dénoncer ouvertement *(le général de Malartic)*, il aurait fallu appuyer sa dénonciation sur un fait quelconque. J'ose le dire, cela n'était pas possible. Aussi M. de Malartic a procédé par insinuation. Il a donné des avis secrets et a affecté des craintes que, bien évidemment, il lui était impossible de concevoir. Cette manière d'attaquer est si odieuse, elle est si peu française, que vous n'y croyez pas. Il s'agit donc de forcer votre conviction, et c'est ce que je vais faire.

Le 20 septembre, un homme plein de loyauté et qui porte la franchise jusqu'à la rudesse, un homme qui, depuis le 25 février, avait bien vu, bien jugé tout ce que j'avais dit, projeté et exécuté relativement à l'affaire de Thouars, le procureur général enfin, m'a écrit : « Notre
» Malartic est un vilain homme. Il y a deux jours, S. Exc.
» le garde des sceaux me fit appeler et m'annonce qu'il a
» de vives inquiétudes. Il me les communique : elles
» étaient causées par une note du méchant homme, qui
» traîtreusement me donne de grands éloges et insinue
» sur vous de graves soupçons. Tout, selon lui, est perdu
» à cause de mon départ et de votre présence. J'ai dé-
» masqué le fourbe. »

Le 28, et sans doute après cette explication, Mgr le garde des sceaux m'a écrit de sa main un petit billet tout plein de témoignages de satisfaction, de confiance et d'affection. Je ne savais d'ailleurs à qui appliquer cette phrase : *Prenez garde aux embûches que certaines gens cherchent à vous tendre!* La lettre de M. le procureur général m'a mis au fait ; elle m'a indigné, comme vous pouvez aisément le penser ; mais j'ai soigneusement renfermé cette indignation dans mon âme, parce que le service du roi le voulait ainsi. Les condamnés n'étaient pas encore exécutés. Après l'exécution j'ai rompu ouvertement avec le général, sans dissimuler que je me plaignais de lui aux ministres.

Le préfet de la Vienne,
Baron LOCARD.

En marge, de la main du directeur de la police, est écrit :

« Je suis fort sensible à la confiance qu'il me témoigne
» et par suite de laquelle je me suis cru suffisamment
» autorisé à communiquer sa lettre à M. de Corbière, qui
» m'autorise à lui renouveler l'assurance qu'il a bien
» réellement toute la confiance du gouvernement, et qu'il
» peut compter sur l'appui que lui mérite la conduite
» sage et dévouée qu'il a tenue [1]. »

*Extrait d'un rapport de M. le Préfet de la Vienne,
en date du 28 octobre 1822.*

En suite d'une consigne fort ridicule donnée parmi tant d'autres de même nature par M. le général Malartic, l'huissier du parquet de M. le procureur général ne put entrer à la prison pour y faire aux prévenus dans la conspiration de Thouars la signification de l'acte de mise en accusation. Tout surpris d'un pareil refus, M. le procureur général renvoie l'huissier avec un réquisitoire à l'officier de garde. Cet officier (M. Savin Larclause) se contente, pour toute réponse, d'envoyer son nom et son adresse à M. le procureur général. Ce dernier se plaignit de la conduite de cet officier à M. Malartic, qui s'emporta et ne voulut lui donner aucune satisfaction. Vous pouvez concevoir ce qu'on pense ici des récompenses et des éloges donnés à M. le général Malartic pour *la bonne conduite* et *la haute capacité* dont il a fait preuve pendant l'instruction du procès.

(Archives nationales.)

[1] Comme l'indique ce curieux document, les complices de cette sinistre tragédie étaient loin de s'entendre.

XXXVII.

Poitiers, le 20 septembre 1822.

A Monsieur le baron LOCARD, *préfet du département de la Vienne, à Poitiers.*

Monsieur le Préfet,

Je crois devoir vous rendre compte de quelques propos qui ont été tenus par les condamnés pendant leur déjeûner, hier, 19 du courant.

Berton a dit à *Jaglin* : « *Tu es bien plus gai depuis quel-*
» *ques jours que tu as vu M. le préfet. Auparavant tu pleu-*
» *rais comme un veau qui a perdu sa mère ; je ne t'en veux*
» *pas de mal, si tu peux te sauver.* »

Caffé a pris alors la parole et a dit : « *D'ailleurs, tous*
» *moyens, tous chemins sont bons.* »

Jaglin a répondu : « *Monsieur Caffé, je vois bien que*
» *c'est de moi que vous voulez parler ; quoique je sois un*
» *ignorant, j'entends bien ce que vous voulez dire ; mais,*
» *c'est égal, ce n'est pas ce que vous croyez.* »

J'ai, d'après votre ordre, prescrit au concierge *Champion* de fouiller le condamné *Caffé* pour lui ôter l'argent qu'il avait sur lui. J'avais envoyé le maréchal des logis de gendarmerie Landry pour être présent lorsque Champion fouillerait Caffé. Il a été trouvé sur le condamné une bourse contenant en tout la somme de 14 francs 15 centimes, que le concierge Champion a gardée et en a donné récépissé qui m'a été rapporté par le maréchal des logis Landry.

J'ai appris que le condamné *Saugé* a aussi de l'argent sur lui. Je vais faire prendre à son égard la même mesure qui a été prise à l'égard de Caffé, et j'aurai l'honneur de vous informer quelle sera la somme trouvée sur ledit Saugé.

Je crois qu'il serait bon d'étendre cette même mesure à tous les autres condamnés.

Les journaux n'ont pas été remis à *Caffé*. Il s'en est plaint; mais, d'après vos ordres, le concierge Champion ne les lui remettra plus.

J'ai l'honneur.....

Le capitaine commandant la gendarmerie royale de la Vienne,
Chevalier DE BERNON.

(Archives départementales de la Vienne.)

Poitiers, le 23 juin 1822.

Monseigneur,

Le général Berton a été écroué hier, à huit heures du soir, à la prison de la Visitation. La pièce souterraine, mais vaste, saine, aérée que j'avais destinée à son logement, est fort sûre, et elle offre toutes les garanties contre les tentatives de l'extérieur pour communiquer avec le détenu. J'avais pris à l'avance des précautions contre le poison; j'en ai pris hier contre les tentatives que le général Berton pourrait faire contre sa vie; j'ai fait enfermer avec lui deux gendarmes sûrs, sans armes d'aucune espèce et dont toute la mission est de surveiller les mouvements du détenu..... J'ai organisé des petits moyens accessoires de police afin d'être instruit de ce qu'il pourrait être utile de savoir.

Un grand nombre d'individus s'est transporté hier sur la grande route pour voir le prisonnier. Un impudent jeune homme, nommé Sénémaud, y était à cheval. Il affectait des démonstrations d'intérêt et même un semblant d'intelligence avec le général Berton. L'officier de gendarmerie, M. de La Magdeleine, qui s'en est aperçu, l'a fait retirer. Les troupes sont entrées au cri de *vive le roi!*

Le commissaire de police de Gallemant assure qu'il a été répondu par quelques cris de *vive la charte!* et il cite à ce sujet un nommé Genti, médecin, qui est un impudent archi-libéral; on cite encore deux jeunes gens de l'École de droit qui déjà ont été en prison pour avoir fait du bruit au théâtre [1].

..... Berton a bien passé la nuit.....

M. le procureur général et le président des assises s'entendent à merveille avec moi.

Quant à une partie bien plus relevée, bien autrement importante encore de mes fonctions, elle sera soignée comme il convient qu'elle le soit. J'apprécie bien la gravité des circonstances, je connais le terrain sur lequel je suis placé; tout est là, je le sais : je me conduirai en loyal serviteur du roi [2].

Je suis.....

Le préfet de la Vienne,
Baron LOCARD.

---

[1] Ainsi donc de l'aveu même de M. le baron Locard, le cri de *vive la charte!* était considéré comme un cri séditieux par lequel les impudents archi-libéraux répondaient aux cris de *vive le roi!*

[2] Cette dernière phrase a été soulignée en marge par le ministre. Il s'agit sans doute du choix des jurés.

M. Demarçay rôde toujours ici. S'il y avait une réunion tumultueuse et qu'il s'y trouvât, je *craindrais* pour lui les ruades [1].

A Son Excellence le Ministre de l'intérieur [2].

(Archives nationales.)

Paris, le 20 juin 1822.

Au Préfet de la Vienne.

Monsieur,

Il n'est pas douteux que les partisans du général Berton n'emploient tous les moyens dont ils pourront disposer pour procurer l'évasion de ce prisonnier, qui doit être transféré dans les prisons de votre ville. Il importe donc qu'aux précautions que vous avez déjà prises, et dont vous m'avez déjà rendu compte, vous ajoutiez toutes celles que cette nouvelle circonstance vous fera regarder comme nécessaires. Je mettrai à cet effet, à votre disposition, les fonds dont vous aurez besoin. Je ne puis d'ail-

---

[1] Les ruades de la police de M. le préfet sans doute. Ce *craindrais* souligné était peu rassurant.

[2] M. le comte de Corbière. — (D'après certains documents de la préfecture de police déposés aux Archives nationales, il résulte que le bruit avait sérieusement couru que le parti libéral devait faire enlever M. de Corbière et le garder comme otage destiné à répondre de la vie de Berton.)

leurs assez vous recommander de seconder en tout ce qui dépend de vous l'action de l'autorité judiciaire, et de considérer quelles seraient les conséquences d'un résultat qui tromperait l'attente de la justice et celle du public dans cette importante affaire.

Agréez.....

Minute portant la mention :

Expédié à la signature du ministre de l'intérieur.

(Archives nationales.)

XXXVIII.

A Monsieur MANGIN, *procureur général près la Cour royale, à Poitiers.*

Monsieur et respectable magistrat,

Excusez si je prends la liberté de vous écrire, mais je crois qu'il est du devoir d'un franc et loyal royaliste de donner connaissance à la justice des choses relatives à l'affaire du 24 février. Je vous recommande, Monsieur, de ne point donner connaissance de ma lettre à personne. Je vous dirai qu'il sera très-utile d'assigner M. Christol, officier au régiment d'infanterie de ligne, qui commandait le détachement que M. le lieutenant du roi avait envoyé contre les rebelles; M. Ditière, commissaire de police de Saumur : il savait la veille que Berton marcherait sur Saumur. Le sous-intendant militaire était le 24 au soir au pont Fouchard ; il pourra vous donner des renseignements. Assignez aussi M. Garnaut, commis dans les subsistances de la maison de Saint-Florent, près Saumur : il a bu avec Delon au pont Fouchard, et, toute la journée du 24, il se réjouissait beaucoup, disait-il, d'une visite qu'il devait recevoir le soir.

N. t. — Vous avez renvoyé un nommé Constant, marchand de liqueurs ; on dit qu'il continue à tenir des propos contraires à l'ordre actuel. Il est bon de vous observer que, dans le mois de juillet 1815, il s'est permis de tirer sur le drapeau blanc, étant d'une patrouille de jour pour le bon ordre de la ville.

J'ai l'honneur d'être, avec un respect sans borne, l'un des témoins assignés à votre requête pour le 26, lendemain de la fête de notre bon roi. — Vive le roi !

Saumur, le 7 août 1822.

Cette pièce anonyme figure parmi les pièces de la procédure.

(Greffe de la Cour d'assises de la Vienne.)

Sont nommés bouchers de la Cour d'assises, et sont tous solidairement coupables, avec les monstres Peyronnet, Mangin, Fouquier-Thinville et Locard, de l'infâme complot de destruction des députés Lafayette, Foy, Benjamin Constant, Laffitte, d'Argenson, les émigrés et scélérats titrés ci-après nommés, voués à l'exécration et la vengeance.

(Suivent les noms des trente-six jurés.)

(Placard trouvé sur les murs de M. Laurence, rue de l'Éperon, dans la nuit du 21 au 22 août 1822.)

(Archives nationales.)

Poitiers, le 28 juillet 1822.

Monsieur le Directeur,

Nos libéraux sont tout en émoi : le vigoureux acte d'accusation du procureur général vient d'être signifié aux prévenus.

On a trouvé ce matin, à la porte de la Comédie, l'affiche suivante en très-gros caractères :

LA DEMEURE
DE
FOUQUIER-TAINVILLE
MANGIN
EST RUE DE L'HOSPICE,
SECT. D, N°. 20.

Notre procureur général n'est pas homme à se laisser intimider. Le plus parfait accord subsiste entre nous deux et le président des assises.

Je ferai surveiller ; car le moment approche où tout sera mis en œuvre pour intimider les jurés. Je vous tiendrai exactement au courant.

J'ai l'honneur.....

Le préfet de la Vienne,
Baron LOCARD.

Le procureur général me donne à l'instant deux exemplaires de son acte d'accusation. Je vous en envoie un. C'est du fruit nouveau. Il ne manque pas de saveur.

(Archives nationales.)

..... Son cœur est fermé à tous sentiments généreux ; il semble être endurci par l'habitude du crime. Parvenu au faîte du pouvoir, il ambitionne de s'illustrer par des victimes vénérables. Tout est chez lui tyrannie ; les lois sont méconnues; la défense, privilége sacré même chez les peuplades les moins civilisées, n'est point respectée ; refuser toute assistance, tout conseil à ses victimes, éloigner le fils de son père, priver l'épouse des derniers embrassements de son époux, arracher les enfants à leur mère, tout est permis à cet agent effréné, tigre insatiable : ses yeux sont rouges de sang ; nommer enfin Mangin, c'est faire frisonner la nature.

Ce sicaire d'une nouvelle terreur trouve encore, pour la honte de la magistrature, des hommes dévoués : une Cour justement honorée fournit dans ces temps de malheur des juges forcenés.....

(*Extrait d'un placard de plus de trois pages qui fut affiché à Poitiers dans la nuit du 24 au 25 août 1822.*)

(Archives nationales.)

RÉPUBLIQUE FRANÇAISE.

Bulletin des lois de la République.

DE PAR LE PEUPLE SOUVERAIN,

Il est ordonné de courir sus contre :

Gringalet Fouquet Thinville dit Mangin, porteur de la croix de l'opinion [1] ;

---

[1] La croix de la Légion-d'Honneur qu'il venait de recevoir.

J. B. C. J. Bernard, baron de Carabas, porteur du même signe ;

D. Barbault (Bridez Canelle) dit de La Mothe, homme par extrait, cocu en grand, porteur du même signe ;

C. J. F. Guimard, homicide de mimi Richard, porteur du même signe ;

Et Malartic, chevalier de quarante écus, porteur du même signe, espion de Foucher d'odieuse mémoire.

  Certifié conforme à l'original envoyé par moi à M. le procureur du roi près le tribunal de Poitiers :

    Le capitaine commandant la gendarmerie royale de la Vienne,

     Chevalier DE BERNON.

Ce placard fut trouvé sur les murs de la salle de spectacle de Poitiers le 17 août 1822.

     (Archives nationales.)

A Monsieur LOCARD, *préfet de la Vienne.*

Un carbonari qui n'est pas l'ami des amis de M. Locard le prévient que :

Vu la manière scandaleuse dont il a choisi le jury qui juge en ce moment le brave général Berton ;

Vu l'imbécile distinction qu'il établit entre les amis et les ennemis, ce qui est platement ridicule ;

Vu sa conduite antérieure, *Locard* est voué aux poignards des carbonari de Poitiers.

    Des tyrans le sang détesté
    Réchauffe une terre appauvrie.
     (BÉRANGER, chanson sur *les Grecs*.)

(Archives nationales.)

PIÈCES JUSTIFICATIVES. 211

Cet écrit anonyme fut adressé au préfet de la Vienne le 9 septembre 1822. Ce qu'il y a de curieux, c'est qu'il paraît avoir été rédigé par quelqu'un ayant eu connaissance de la lettre, en date du 26 août 1822, adressée par le baron Locard au directeur de la police, lettre confidentielle cependant et tout entière de la main du préfet. (Voir PIÈCES JUSTIFICATIVES, n° XXVI, p. 180).

Si j'en crois un avis qui vient de m'être donné, il existerait un projet d'attenter aux jours de M. le procureur général Mangin, soit à Poitiers, soit à Paris où l'on suppose qu'il doit revenir incessamment, et où les assassins l'attendront s'ils ne se décident à l'aller chercher à Poitiers. Aucune indication précise ne m'est donnée sur les auteurs de ce projet.

Je vous invite à établir, pour la sûreté de M. Mangin, une surveillance dont il importe qu'il ne soit point averti.

(*Extrait d'une lettre du directeur de la police au préfet de la Vienne*, 13 *novembre* 1822.)

(Archives nationales.)

Il y eut même un magistrat qui, sans y être forcé, crut devoir complimenter le procureur général Mangin à l'occasion des violentes diatribes dont il était l'objet.

La dernière phrase de la lettre suivante est trop curieuse pour n'être pas conservée.

PARQUET
de la
COUR D'ASSISES
et du
TRIBUNAL
de première instance.

Nantes, le 9 août 1822.

A Monsieur le Procureur général près la Cour royale de Poitiers.

Monsieur le Procureur général,

J'ai l'honneur de vous renvoyer l'original de notification à Félix Cossin, des arrêts et acte d'accusation qui étaient joints à votre lettre du 31 juillet, et celui de la citation à témoins.

Permettez-moi, Monsieur le procureur général, de vous féliciter des honorables diatribes dirigées contre vous, et veuillez bien me compter au nombre des magistrats disposés à suivre vos courageux exemples.

J'ai l'honneur.....

Le procureur du roi, chevalier de l'ordre royal de la Légion-d'Honneur,

Signé : BERNARD père.

(Greffe de la Cour d'assises de la Vienne.)

XXXIX.

Poitiers, le 29 août 1822.

Monsieur le Directeur,

Peu de mouvement dans l'intérieur des salles du palais, aucun mouvement dans les rues et sur les places adjacentes. Un ordre parfait dans la salle où se tiennent les assises.....; la contenance des jurés, du président, des juges est parfaite. Quant au procureur général, on peut dire de lui : *vires acquirit eundo.*

Alix est peu chargé : il se pourrait qu'il s'en tirât, du moins qu'il sauvât sa tête. Quant à Berton, il se défend pied à pied comme un misérable. Tout dans ses discours, dans ses aveux, dans ses dénégations, décèle une âme basse; il paraît tenir beaucoup à la vie. Je crois qu'on pourrait en obtenir d'importantes révélations, mais il faudrait pour les lui arracher d'autres moyens que ceux que nous avons à notre disposition. Réfléchissez-y..... cela en vaut la peine....[1].

J'ai l'honneur.....

Le préfet de la Vienne,
Baron LOCARD.

A Monsieur le Directeur de la police.

(Archives nationales.)

---

[1] La torture extraordinaire, par exemple!

Oise.

POLICE.

Renseignements
sur le
général BERTON.

Paris, le 31 mars 1822.

Monseigneur,

Vous m'aviez fait l'honneur de me demander par votre lettre du 11 de ce mois, timbrée *Direction de la police*, des renseignements sur le nom et l'existence des femmes qui paraissent avoir vécu dans une longue intimité avec le général Berton.

Voici ceux que le séjour momentané de cet officier général dans sa propriété rurale *du Plessis*, commune de *Cuvergnon*, arrondissement de Senlis, ont permis de recueillir.

En 1814, le général Berton paraissait accorder une grande confiance à un aide de camp espagnol, nommé *Gurache* ou *Guracho*.

Deux parentes ou amies de cet aide de camp, l'une plus âgée nommée *Motabi*, l'autre plus jeune et d'une figure jolie, nommée *Novaro*, partageaient avec lui l'affection du général.

La jeune Novaro était enceinte et passe pour être accouchée à Nanteuil-le-Haudoin, poste voisine de Cuvergnon, où le général l'avait déposée à son arrivée d'Espagne.

Ces quatre personnes habitèrent ensuite une petite maison, au n° 6, de l'allée des Veuves. C'est là que le général passa l'année 1814 et le commencement de 1815. Il y entretenait aussi des relations étroites avec un Italien, négociant en savon. J'ai ouï raconter par un membre de la Chambre, dont la terre est voisine de Cuvergnon, que, dans les Cent-Jours, Berton, dînant chez lui, se vantait hautement d'avoir fait de cette maison même, l'un des foyers de la conspiration qu'il se vantait aussi d'avoir alors suivie contre le gouvernement du roi et pour le rétablissement de Bonaparte. Ma contre-police, disait-il, y était si bien montée, que je savais, deux heures après, tout ce qui s'était passé chez le roi.

Le général, ayant été arrêté en 1815, prit, à sa sortie de prison, un logement rue de la Tour-d'Auvergne, n° 28, et ensuite n° 11.

Les deux Espagnoles partagèrent avec lui l'une et l'autre habitation ; la plus âgée est morte il y a environ un an. La jeune Navaro est venue pour la dernière fois à Cuvergnon au mois d'octobre dernier. Elle a pris alors, ainsi que le général, la voiture publique de Paris à Nanteuil, qui charge rue du Faubourg-Saint-Denis, n° 40. Elle habitait encore, au mois de janvier dernier, le numéro 11 de la rue de la Tour-d'Auvergne.

Quant aux rapports que le général pourrait conserver avec le Plessis-Cuvergnon, ces rapports ayant été altérés par des discussions assez vives d'intérêt avec son fermier, on doute qu'il s'expose à y venir chercher un asile.

Le général ne venait guère dans cette habitation que pour s'y livrer à l'exercice de la chasse, qu'il aime passionnément. Aussi avait-il obtenu de M. le duc d'Orléans une permission pour la forêt de Villers-Cotterets. Il amenait quelquefois avec lui un colonel nommé *Chaillot*. Il se vantait souvent de l'amitié et de la protection de M. le maréchal duc de Coigny.

Il ne faut pas perdre de vue, quant à des relations de

cette nature, que le général Berton a été élève du roi à l'école militaire de Brienne.

Je suis.....

Le préfet de l'Oise, membre de la Chambre des députés,

VERIGNY.

A S. Exc. Monseigneur le Ministre de l'intérieur.

(Archives nationales.)

Châtellerault, le 17 juillet 1822.

Monsieur le Préfet,

J'ai reçu ce matin la lettre que vous m'avez fait l'honneur de m'écrire hier ; j'ai sur-le-champ envoyé aux Ormes mon maréchal des logis : il n'y a pas un seul étranger au château. Tous ces jours il n'y a eu absolument personne. On surveillera ceux qui pourront y venir, et je vous en rendrai compte. Quant au docteur Bodeson, voilà son affaire. Berton avait épousé la sœur de ce médecin, dont il a eu plusieurs enfants ; quelques années après, pendant qu'il était en Espagne, il s'attacha à une femme qu'il ramena en France, ensuite à Paris et y vécut dans le concubinage avec cette femme. Mme Berton, ainsi délaissée, obtenait difficilement ce qu'il lui fallait pour vivre et pour faire vivre ses enfants ; enfin l'infâme conduite de son mari a fini par la faire mourir de chagrin.

Depuis ce temps, la famille Bodeson est en procès avec Berton qui est resté chef de la communauté. Deux fils de Berton, âgés de vingt-un ou vingt-deux ans, sont sous-lieutenants dans deux régiments de ligne, et, quoiqu'assez bons sujets, ils s'occupent d'embrasser un autre état, sentant bien que l'infâme conduite de leur père les met dans une fausse position.

Bodeson, qui n'est pas trop mal pensant et qu'on croit incapable de rien tramer contre le gouvernement, déteste Berton.

Il a dit à M. de Beauchamp qu'il était allé à Poitiers pour tâcher d'obtenir une procuration de Berton, afin d'avoir de l'argent pour ses deux fils.

Le *marchand de blé* est rentré le troisième jour : on ne croit pas que Massonneau, qui va souvent aux Ormes, porte des correspondances. Il est fin, et tout se communique sans doute verbalement. Ce ne doit pas être l'abbé Berthenot (qui est fort insouciant) avec qui il communique, mais bien avec le sieur Fillod, ex-précepteur du fils d'Argenson, lequel Fillod est un démagogue frénétique.

. . . .

L'heure me presse, mon maréchal des logis vous rendra compte s'il survient quelque chose en mon absence.

Mille et mille hommages respectueux.

Votre tout dévoué serviteur,

DUBUISSON.

A Monsieur le Préfet de la Vienne.

(Archives départementales de la Vienne.)

XL.

Monsieur le Procureur général,

Je lis dans la *Gazette de l'Ouest* du 6 décembre qu'à l'audience de la Cour d'assises de Poitiers du 2, vous avez dit : « Les parquets d'aujourd'hui ne sont pas ce qu'étaient les parquets d'autrefois ; nous ne cherchons pas, nous, à amonceler les victimes sur les bancs de la Cour d'assises, et ce n'est pas notre bouche qui laissera échapper ce mot célèbre qu'un procureur général fit entendre dans cette enceinte : *Je ne suis pas compétent pour les poursuivre...; si je l'étais !...* »

Je trouve tout simple, Monsieur le procureur général, que les parquets d'aujourd'hui vous paraissent préférables à ceux d'autrefois ; et quand vous devez aux hommes que j'ai attaqués en 1822 d'avoir recouvré les fonctions de procureur général, il est naturel que vous n'approuviez pas ce que j'ai dit ; mais la manifestation de pareils sentiments ne devait point éclater dans un réquisitoire public ; elle contraste singulièrement avec la modération dont vous vous parez, ou votre modération ne ressemble pas à la mienne. La mienne, en 1822, consistait à faire épargner des malheureux séduits, entraînés par des hommes puissants qui les avaient ensuite abandonnés et désavoués ; à détourner d'eux les effets d'un trop juste courroux, en montrant au jury et à la France quels étaient les vrais coupables. Vous conviendrez, Monsieur, que je ne me suis pas trompé en les désignant ; et si j'ai frappé fort, j'ai frappé juste. Les acteurs de la comédie de quinze ans se sont nommés ; on se glorifie aujourd'hui de ce qu'on niait alors.

Au surplus, Monsieur, je suis profondément convaincu que votre bouche n'aurait jamais pu proférer les paroles que j'ai dites ; je ne les regrette pas : elles étaient dictées par ma conviction, elles m'étaient commandées par mon devoir. Mais remplissez-vous le vôtre en m'attaquant? Qu'avais-je de commun avec l'article de la *Gazette de l'Ouest* que vous incriminez? Quel triste courage vous a inspiré d'insulter un homme sans défense, qui n'a plus d'autre bien que son honneur, que sa fidélité?

Ce n'est point du tout français, Monsieur. Dans ma

chère patrie, on sait estimer un ennemi vaincu, quand il a combattu loyalement et avec courage. Il est vrai qu'à la suite des vainqueurs, et le danger passé, il survient souvent des gens inexorables à ceux qui ont succombé, mais les hommes de cœur les désavouent.

Recevez, Monsieur.....

Signé : MANGIN.

Soleure, le 16 décembre 1831.

Cette lettre, adressée à M. Gilbert-Boucher, procureur général à Poitiers, a été publiée dans le numéro de la *Gazette de l'Ouest* du 23 décembre 1831.

XLI.

A Monsieur le Rédacteur du Courrier français.

Poitiers, ce 14 septembre 1822.

Monsieur le Rédacteur,

A l'audience de la Cour d'assises de Poitiers du 11 septembre, le général Berton s'est plaint, dans le dernier discours qu'il a prononcé, de ce qu'*aucun avocat n'avait osé envisager et résumer le point de droit général.* Il s'est plaint, en outre, *de ce que la plaidoirie était tellement rétrécie devant la Cour, qu'aucun avocat n'avait eu le pouvoir de développer sa pensée.*

D'un autre côté, il résulte du compte rendu des séances, tant à Poitiers que dans les journaux de la capitale, que le barreau aurait répondu, sur l'interpellation qui lui aurait été adressée par le ministère public, que la défense n'avait pas été *entravée*. Le barreau tout entier aurait donc, de cette manière, donné un démenti formel à l'assertion et à la plainte du général Berton.

Je proteste, quant à moi, contre cette réponse... Aucun avocat étranger n'a pu être admis à plaider devant la Cour ; j'ai été menacé de suspension pour une simple observation sur la déposition d'un témoin suspect... On m'a interrompu à chaque phrase, parce qu'il semblait au ministère public que ces phrases avaient été dictées *par un mauvais esprit*. On m'a enlevé la parole, sous prétexte que les principes que je voulais discuter n'étaient autres que les *sales doctrines* prononcées à la tribune.

Quant à Me Drault, il a été rayé du tableau, parce qu'il a cru devoir garder le silence, afin de ne pas compromettre les intérêts de son client.

Il est, je crois, permis de penser que la défense des accusés n'a pas été libre, et il doit être permis de protester contre un système qui tendrait à faire croire que la liberté dont les avocats ont joui est la liberté voulue par la loi.

J'ai l'honneur, etc.

PONTOIS, avocat.

XLII.

Les assises sont closes. Sur seize contumaces, onze sont condamnés à mort, un est absous, quatre sont condamnés à plusieurs années de détention.

L'avocat Drault, qui, en refusant de parler pour Berton,

a cru sans doute embarrasser la Cour, a été rayé du tableau (voir PIÈCES JUSTIFICATIVES, n° XXXIV); enfin l'imprimeur Catineau a été condamné par défaut à un mois de prison et mille francs d'amende [1].

Tout est tranquille ; le service des prisons se fait bien. J'y ai appris, ce matin, que Berton chantait des chansons licencieuses aux autres détenus dans le même cachot......
...... Je suis bien impatient de savoir si le gouvernement sera satisfait du jugement.

(*Extrait d'une lettre du baron* LOCARD, *préfet de la Vienne, au Directeur de la police, en date du* 15 *septembre* 1822.)

(Archives nationales.)

QUESTIONS POSÉES AU JURY, ET RÉPONSES DU JURY, RELATIVEMENT AU GÉNÉRAL BERTON.

JEAN-BAPTISTE BERTON, âgé de 53 ans, ex-maréchal de camp des armées du roi, né à Cullyer (Ardennes), demeurant à Paris (Seine), accusé.

1° Est-il coupable d'avoir concerté et arrêté avec un ou plusieurs conspirateurs la résolution d'agir,   *Oui à l'unanimité.*

2° Soit pour détruire ou changer le gouvernement,   *Oui.*

---

[1] Le 14 septembre 1822, la Cour d'assises du département de la Vienne rendit un arrêt par défaut contre Catineau, imprimeur : il fut déclaré coupable d'infidélité, de mauvaise foi et d'injures envers les jurés, le procureur général et la Cour, dans le compte-rendu périodique qu'il a fait des séances du 30 août et du 6 septembre présent mois.
Et, pour réparation de ce délit, la Cour le condamne à un mois d'emprisonnement et 1,000 francs d'amende.
(La minute de cet arrêt est signée des mêmes magistrats que l'arrêt Drault.) [Voir PIÈCES JUSTIFICATIVES, n° XXXIV.]
On torturait les accusés, on menaçait et l'on suspendait les avocats, on envoyait en prison les imprimeurs qui rendaient compte du procès ! *Tantæne animis cœlestibus iræ !*

3° Soit pour exciter les citoyens à s'armer contre l'autorité royale, — *Oui.*

4° Soit pour exciter la guerre civile en armant ou en portant les citoyens à s'armer les uns contre les autres ? — *Oui.*

5° Est-il coupable de s'être présenté dans la ville de Thouars sous la fausse qualité de général commandant l'armée de l'Ouest, — *Oui.*

6° D'avoir, sous cette fausse qualité, signé des ordres, frappé des réquisitions, conféré des fonctions publiques ? — *Oui.*

7° D'avoir annoncé le renversement du gouvernement, l'établissement d'un prétendu gouvernement provisoire ? — *Oui.*

8° D'avoir provoqué, fait éclater et organisé une insurrection armée pour soutenir ce prétendu gouvernement ? — *Oui.*

9° Est-il coupable d'avoir ainsi commis ou commencé des actes pour parvenir, — *Oui.*

10° Soit à détruire ou changer la forme du gouvernement, — *Oui.*

11° Soit à exciter les citoyens à s'armer contre l'autorité royale, — *Oui.*

12° Soit à exciter la guerre civile en portant les citoyens à s'armer les uns contre les autres ? — *Oui.*

13° Est-il coupable de s'être mis à la tête de bandes armées ayant arboré le drapeau tricolore pour envahir des villes et forteresses du royaume ? — *Oui.*

14° Est-il coupable de s'être rendu complice de l'arrestation illégale du maréchal des logis et des gendarmes de la brigade de Thouars, en provoquant à cette action par des promesses, des menaces, par un abus d'autorité ; en assistant avec connaissance les auteurs du crime dans les faits qui l'ont préparé ou facilité ? — *Oui.*

15° Cette arrestation illégale a-t-elle été exécutée avec le faux costume d'un gendarme ? *Non.*

16° Cette arrestation illégale a-t-elle été exécutée sous un faux ordre de l'autorité publique ? *Non.*

17° Cette arrestation illégale a-t-elle été exécutée avec menaces de la mort ? *Non.*

18° Est-il coupable de non-révélation desdits complots ? *Oui.*

Nous insérons ici, à titre de renseignement curieux, le signalement du général Berton, délivré par le préfet de police en 1822.

Paris, le 6 mars 1822.

PRÉFECTURE
DE POLICE.

1re division. — 1er bureau.
N° 63393 (15).

Monseigneur,

Je m'empresse de vous adresser le signalement du général Berton que Votre Excellence m'a fait l'honneur de me demander par sa lettre d'hier.

Je suis.....

Le préfet de police,
E. DELAVEAU.

A Son Excellence le Ministre de l'intérieur.

SIGNALEMENT DU GÉNÉRAL BERTON.

Taille d'un mètre 77 centimètres.
Agé de 51 ans.
Cheveux gris.
Front haut.
Sourcils bruns.
Yeux châtains.
Nez gros.
Bouche moyenne.
Barbe brune.
Menton rond.
Visage ovale et maigre.
Les pommettes des joues saillantes, l'air hagard.
Fortes moustaches noires et plates.
Mouvements très-vifs.

XLIII.

Sa Majesté, sur le rapport de monseigneur le garde des sceaux, a daigné, dans sa clémence inépuisable, commuer en *vingt années d'emprisonnement* à l'égard de FRADIN, et en *quinze années* à l'égard de SENECHAULT, la peine de mort à laquelle ils étaient condamnés.

Ces commutations de peine à l'égard de Fradin et de Senechault furent accordées par ordonnance du 3 septembre 1822. La nouvelle en fut apportée à Poitiers par le même exprès chargé des ordres d'exécution relativement à Berton, Caffé, Saugé et Jaglin.

Il n'existe aucune mention de ces deux décisions gracieuses en marge de l'arrêt de la Cour.

XLIV.

Dans une lettre datée du 1er mars 1822 et écrite de la prison de Saumur, Beaufils fait aux procureurs du roi de Saumur et de Beaugé des révélations complètes.

« Je vais, leur dit-il, vous donner les renseignements que je connais, d'abord pour servir le gouvernement vraiment juste qu'on avait peint comme despotique et arbitraire, ensuite pour me laver du crime dont je me suis souillé en voulant prendre part aux événements qui ont eu lieu, mais indirectement.

» On a, ajoute-t-il, abusé de ma bonne foi..... Je suis toujours resté attaché au parti du roi..... »

Suit une longue dénonciation contre Caffé, Coudray et un grand nombre d'autres accusés de Saumur et de Vernoil, qui se termine ainsi :

« Protégez-moi ; un moment d'erreur ne doit pas être un crime impardonnable. »

(Greffe de la Cour d'assises de la Vienne.)

XLV.

Le colonel Gauchais fut découvert dans sa retraite en 1824. Il fut transféré à Poitiers pour y purger sa contumace.

La lettre suivante se rapporte à l'arrivée du colonel à Poitiers.

Mon cher Pontois,

Le brave colonel Gauchais, avec lequel j'ai eu la faveur insigne de dîner sous les verrous de sa prison, à son passage à Limoges, se rend à Poitiers pour y purger sa contumace de l'arrêt qui, dans le temps, le frappa d'une condamnation capitale. A l'occasion de sa défense et du défenseur au zèle duquel il doit confier des intérêts si grands et si sublimes, nous avons passé en revue les avocats de Poitiers. Ne pouvant parler que très-fugitivement de vos chefs de file, que je ne connais que par le bruit qu'ils font dans le monde, je me suis principalement occupé de tracer au colonel le tableau de votre jeune gloire. Il savait déjà que vous aviez figuré dans l'affaire Berton. En conséquence, et comme il est très-probable que le colonel, quoique porteur de deux lettres pour M. Boncenne, ne remette cependant pas sa défense en ses mains, attendu les tristes antécédents qui ont mérité à ce grand maître du barreau des reproches sanglants dans l'opinion publique, je vous engage, d'après le vœu particulier du colonel, qui a voulu absolument que je lui remisse une lettre pour vous, à descendre souvent dans le cachot de ce vieux et courageux soldat : je suis persuadé qu'il aimera votre énergie, votre noble indépendance ; vous saurez lui plaire, il aura la douce consolation de trouver une âme au sein de laquelle la sienne tout entière pourra s'épancher. Il vous fera le dépôt de sa vie...., et vos agréables relations auront l'heureux privilége de rendre plus supportables tant de jours de captivité qui lui sont encore réservés jusqu'à son jugement.

Voilà ce que mon amitié, qui ne vous a point oublié, malgré votre silence, qui a l'air plutôt d'une rupture complète, a cru devoir faire pour vous. Je désire vous avoir été aussi utile que j'ai mis d'empressement et de zèle à vouloir le devenir. Une occasion de gloire pour vous, quelle belle fortune!.....

Adieu, l'heure me presse, le colonel va partir.

Tout à vous,

LAUMOND.

A Limoges, le 5 août 1824.

A Monsieur PONTOIS, *avocat à Poitiers.*

Boncenne fut chargé de défendre le colonel Gauchais. Les appréciations qu'il porta contre Berton dans son plaidoyer sont cruelles, et cependant, il faut bien en convenir, elles ne sont pas complétement imméritées.

Sans l'acharnement mis dans les poursuites, sans l'exagération dans la répression, qui sauveront toujours du ridicule la mémoire du général Berton, ce conspirateur n'eût eu dans l'histoire qu'une physionomie insignifiante.

« Je suis, disait Boncenne à cette occasion, d'accord
» avec M. le procureur général sur la gravité de l'accu-
» sation. Je proclame avec lui qu'il n'y a pas de plus
» grand crime que de conspirer contre son prince légi-
» time et d'armer les citoyens les uns contre les autres.
» Je suis encore d'accord avec lui quant à l'existence

» du complot. Mais ce que tout le monde sait aussi, c'est
» que ce complot a eu des chefs misérables, et que la
» journée du 24 février a été, comme je l'ai dit dans une
» autre occasion, la véritable journée des dupes. »

Puis, après avoir discuté les charges résultant contre son client des témoignages de M. de Carrère, de Périnne Triboudeau et de Beaufils, Boncenne ajouta :

« Il me reste à discuter la déclaration de Berton. M. le
» procureur général a pensé que l'on devait des ménage-
» ments à la victime d'une *grande infortune*. Il est sans
» doute loin de ma pensée de vouloir insulter à la tombe
» d'un malheureux qu'a frappé le glaive de la justice ;
» mais qu'a donc été Berton ? le chef d'une conspiration
» ridicule, un homme qui n'a même pas eu assez de fer-
» meté pour s'en dire le chef ; qui a prétendu avoir été
» conduit, séduit, entraîné comme un enfant ; une en-
» seigne dorée destinée à la parade ; un homme qui, dans
» les débats, n'a été qu'un accusé vulgaire, qui a dénié la
» signature qu'il avait donnée au simple, j'ai presque dit
» à l'imbécile Senechault[1] ; qui a dit n'avoir pas fait ar-
» rêter la gendarmerie ; qui, après un long et étoffé dé-
» jeuner, est parti de Thouars, mais sans donner l'ordre,
» a-t-il dit, de déployer le drapeau tricolore. Voilà quel
» fut Berton !

» Il a fait plus encore : il a accusé à tort et à travers les
» accusés absents. C'est presque toujours ainsi que cela
» a lieu dans les procès criminels ; et moi-même, quand
» Gauchais n'était pas là, n'ai-je pas, d'après ce que m'a-
» vait dit Caffé, accusé Gauchais ! et pourtant aujour-
» d'hui ces accusations se trouvent sans fondement.

---

[1] Berton contesta en effet, au débat, la sincérité de la signature apposée au bas de la pièce reproduite dans ce volume sous le n° XIV des pièces justificatives.

» Berton ne reprit quelque dignité qu'à la fin des dé-
» bats. Il offrit alors à ses compagnons d'infortune un
» sang qui ne lui appartenait déjà plus.

» Mais, a-t-on dit, quel intérêt pouvait avoir Berton à
» parler de Gauchais? Je réponds : quel intérêt pouvait-il
» avoir à charger Caffé, en disant qu'il n'était pas malade
» quand on le présenta chez lui? C'est Berton qui a fait
» condamner Caffé, et non pas son horrible servante.

» Je réponds encore : quel intérêt pouvait-il avoir à
» charger Saugé? Et cependant avec quelle perfidie n'a-
» t-il pas dit qu'il avait été présenté à ce malheureux
» sous son véritable nom ! Les dépositions de Berton, de
» Beaufils, de Perrine Triboudeau, ne peuvent donc mé-
» riter votre confiance. Il faut des bases plus sûres pour
» des intérêts aussi grands. »

Ce plaidoyer se terminait de la manière suivante :

« Les temps sont changés, Messieurs, le danger
» n'existe plus; la conflagration générale s'est assoupie.
» Il est des temps sans doute où le salut de la patrie de-
» mande des mesures énergiques, *où il est nécessaire de*
» *priver les accusés de ces garanties protectrices dont la*
» *loi commune les environne, où il ne peut y avoir qu'un*
» *pas de la salle où l'on condamne au lieu où l'on exécute,*
» *où enfin la justice est obligée de se servir plutôt de son*
» *épée que de sa balance* [1].

» Mais la France a-t-elle aujourd'hui rien de semblable
» à redouter? Aujourd'hui qu'un roi législateur, après
» avoir triomphé des conspirateurs, est descendu dans
» la tombe avec le sentiment de la force de son trône;
» aujourd'hui qu'un roi tout français et par ses manières,

---

[1] Il est bon, après un tel passage, de se souvenir des appréciations contenues dans la lettre de Laumond, insérée avant le présent extrait, et des éloges décernés par le préfet Locard à Boncenne dans une lettre au directeur de la police (PIÈCES JUSTIFICATIVES, n° XXXVI).

» et par ses mots heureux, va consacrer par l'huile
» sainte son alliance avec son peuple, et pourra s'écrier
» comme Philippe à Bovines : qu'il n'est homme ayant
» porté l'épée plus digne de prendre la couronne que lui,
» ah! s'il m'était permis de me servir des paroles de ce
» prince quand il remit le pied sur le sol français et
» s'écria qu'il n'y avait qu'un Français de plus, je vous
» dirais : Messieurs, permettez-moi d'espérer qu'après
» votre décision il n'y aura pas un Français de moins. »

(*D'après un manuscrit inédit du temps, qui est entre les mains de l'auteur.*)

Le 14 décembre 1824, la Cour d'assises de la Vienne condamna de nouveau (et cette fois contradictoirement) le colonel Gauchais à la peine de mort.

Cette peine fut ultérieurement commuée en celle de vingt années d'emprisonnement.

Les pièces de l'affaire du colonel Gauchais n'étant point parties du parquet de la Cour royale de Poitiers après le délai de dix jours fixé par la loi (art. 423 C. instr. cr.), il paraît que le garde des sceaux en a fait la demande au procureur général, et qu'elles sont parties le 29 décembre, à quatre heures du soir.

Voici la cause de ce retard :

La minute de l'arrêt de condamnation avait été signée par les membres composant la Cour d'assises peu de temps après la condamnation du colonel. Entre autres omissions, cette minute ne contenait aucune espèce de mention : du *réquisitoire* qui avait eu pour objet de faire abattre les moustaches du colonel; ni de l'ordonnance du président, ordonnant qu'il remettrait sa figure dans l'état où elle était avant la conspiration.

Le compte rendu de cet incident par les journaux a fait penser sans doute qu'il fallait que l'arrêt en parlât. En conséquence, par un *renvoi* très-étendu, on a rapporté ces circonstances, sans mentionner toutefois le réquisitoire formel du procureur général ; mais, ce renvoi établi après coup sur la minute n'ayant point été signé par les membres de la Cour d'assises, on imagina de faire une nouvelle minute de l'arrêt, qui fît disparaître les nombreuses ratures et renvois qui se trouvent dans la première. Déjà le président et deux conseillers [1] avaient apposé leur signature à cette nouvelle minute ainsi rectifiée ; mais, un autre conseiller [2] ayant refusé de le faire attendu sa non-conformité avec la première, un de ceux qui avaient déjà signé de confiance, indigné d'avoir été induit en erreur, s'est transporté au greffe, et a déchiré, sur cette minute subreptice, la feuille où il avait apposé son nom.

Tout cela avait entraîné beaucoup de délai, d'autant plus qu'en ce moment un des membres de la Cour d'assises [3] était absent de Poitiers.

Pressés par le ministre pour l'envoi des pièces, on a imaginé de n'envoyer à la Cour de cassation qu'une expédition de l'arrêt signée par le président et le greffier.

On pense que le défenseur de Gauchais demandera l'apport de la minute de l'arrêt, d'autant plus que la Cour de cassation juge toujours sur les originaux.

La Cour elle-même peut ordonner d'office cet apport. Plusieurs membres de la Cour paraissent croire que le président d'assises et le procureur général seront mandés

---

[1] De La Garde, Millet, de La Fontenelle de Vaudoré.
[2] Duclos.
[3] Haward.

par le ministre pour rendre compte de faits aussi extraordinaires, s'ils sont vrais, comme on l'assure généralement au palais.

31 décembre 1824.

> (*Note sans signature trouvée dans les papiers de M. Charles Pontois.*)

XLVI.

Saunion, condamné à mort, et dont la peine fut commuée en celle des travaux forcés à perpétuité, fut exposé, le 11 mars 1824, à Poitiers, sur un échafaud dressé près de la place du Marché. Il y resta une heure, ayant sur la tête l'écriteau prescrit par l'article 22 du Code pénal. Après cette exposition, ledit Saunion fut marqué par l'exécuteur des lettres T—F par l'application d'un fer brûlant, et envoyé au bagne.

> Signé : BOURDIER, *au procès-verbal qui figure à la suite de l'arrêt de condamnation.*

XLVII.

Par ordonnance du 7 avril 1824, grâce pleine et entière fut accordée aux nommés Mathurin *Civray*, Pierre *Cornuau*, Jean *Michin*, Louis *Millasseau*, Henri *Godeau*,

Jules-Louis *Alix*, *Normandin*, Jacques *Meunier*, Henri *Prier*, Hyacinthe *Ledain*, Joseph *Ricque*, Augustin *Lambert*, Joachim *Ferrail*, Louis *Sanzais*, Édouard *Beaufils*, Vincent *Coudray*, René *Nonet* et Augustin *Malecot*.

Par ordonnance du 12 mai 1824, il fut fait remise du restant de leur peine aux nommés *Marquet* et *Delavaux*.

Par ordonnance du 2 juin 1824, il fut fait remise du restant de sa peine à *Laignelot*.

Par ordonnance du 18 septembre 1824, la peine de vingt ans d'emprisonnement, en laquelle avait été commuée la peine de mort prononcée contre Henri-Modeste Fradin, fut commuée en dix années d'emprisonnement.

Par une ordonnance du 11 février 1824, la peine de cinq ans d'emprisonnement prononcée contre Ledain fut commuée en celle de deux années d'emprisonnement à compter de cette décision.

Toutes ces ordonnances se trouvent mentionnées en marge des arrêts de condamnation.

(Greffe de la Cour d'assises de la Vienne.)

XLVIII.

A Monsieur Drault, *avocat, rue Saint-Cybard, à Poitiers (Vienne).*

Paris, le 19 décembre 1822.

Monsieur et très-honoré confrère,

J'aurais désiré répondre plus tôt à la lettre que vous m'avez fait l'honneur de m'écrire le 24 du mois dernier, mais je cherchais à me procurer quelques exemplaires du mémoire que j'ai adressé à la Cour de cassation dans la cause du général Berton. Il ne m'en restait plus aucun, et j'ai été obligé, pour en avoir, de m'adresser à M. Isambert, qui n'avait pas encore épuisé sa distribution. J'ai l'honneur de vous en adresser huit exemplaires : voilà tout ce dont je puis disposer. Le désir que je dois avoir d'être lu par mes confrères du barreau de Poitiers vous est un sûr garant que je n'ai épargné aucun soin pour satisfaire plus pleinement au vœu que vous avez la bonté de me manifester.

Ce mémoire est écrit avec précipitation, nos minutes étant comptées par la Cour de cassation. M. Isambert et moi nous nous étions partagé la besogne, en sorte que l'imprimé que je vous envoie est plutôt l'œuvre des deux que l'œuvre d'un seul. Les longueurs et les incorrections que vous y remarquerez ont besoin de toute votre indulgence. Nous avons eu trois jours pour imprimer, pas davantage.

Vous me demandez des exemplaires de mon plaidoyer à la Cour de cassation. Je ne puis satisfaire votre désir, par la raison la plus simple : c'est qu'il n'y a eu rien d'imprimé, excepté l'analyse et les fragments que les journaux ont publiés. Seulement l'éditeur du procès du général, qui est un libraire de Poitiers, a réuni ces fragments et cette analyse, et en a composé une sorte de plaidoyer qui se trouve imprimé à la suite du procès ; je ne suis pour rien dans cette rédaction, que je n'ai connue qu'en achetant un exemplaire du procès. Le rédacteur a travaillé sans doute avec autant d'exactitude qu'il le pouvait : c'est tout ce que je puis dire.

Quant aux portraits du général, je les demanderai à ses fils à la première rencontre ; ils ne sont pas à Paris, à ce qu'on m'a dit.

Il est inutile de vous dire, Monsieur, combien votre

conduite m'a paru honorable dans la malheureuse circonstance qui nous avait réunis dans les mêmes vœux et dans les mêmes regrets. Vous avez montré une fermeté et un caractère qui honorent le titre dont vous êtes revêtu et qui doit enorgueillir ceux qui le portent avec vous. L'opinion que j'exprime est celle du barreau de Paris et de plusieurs barreaux de province que j'ai été à même de visiter. La conduite stupide et féroce de M. Mangin lui assure une triste immortalité dans l'histoire des iniquités judiciaires ; j'espère que la Cour de Poitiers sentira toute l'énormité de l'oppression dont on vous a rendu victime. J'ai lu ce matin dans les journaux que vous êtes en instance pour faire rétracter l'arrêt qui vous condamne : vous ne devez pas douter des vœux ardents que je fais pour votre triomphe ; mais, quelle que soit la sentence, elle ne flétrira que les juges, car il n'appartient pas à leur puissance de vous ôter l'estime de tous les cœurs nobles et droits et de tous les esprits éclairés.

Je suis, Monsieur, avec un profond dévouement, votre affectionné serviteur et confrère.

Jos... MERILHOU.

(Collection d'autographes de M. Bonsergent de Poitiers.)

XLIX.

Si des démarches furent faites pour arracher quelques victimes au bourreau, il est également prouvé par la lettre suivante que Mangin écrivait à sa femme, qu'il était à Paris à la date du rejet des pourvois en cassation, c'est-à-dire au moment où l'on dut discuter sur l'opportunité de mesures gracieuses.

Que faisait Mangin à Paris? Il y recueillait sans doute les

éloges que son zèle méritait, et il appuyait de son influence les tendances du gouvernement, qui, à ce moment, ne demandait qu'à assouvir jusqu'au bout ses vengeances.

L'attitude de Mangin au cours des débats ne permet pas de supposer qu'il pût avoir d'autre préoccupation que celle de ne pas laisser échapper sa proie. De l'aveu même du préfet Locard, il existait peu de preuves contre Saugé, et les jurés réclamaient merci pour Jaglin (voir aux PIÈCES JUSTIFICATIVES, n° LIV, la lettre du baron Locard).

Paris, le 30 septembre 1822.

A Madame MANGIN.

Ma chère bonne,

J'ai eu hier mon audience de Monsieur et de monseigneur le duc d'Angoulême. Je suis resté près de chacun une demi-heure environ ; il est impossible d'avoir plus de bonté et de familiarité même, qu'ils n'en ont eu pour moi. *C'est au point que Monsieur avait fait le mouvement de me prendre la main.* Par respect, je n'ai pas avancé la mienne.

Le duc, qui n'est pas causeur, l'a été beaucoup avec moi. Il m'a surtout loué de mon courage et m'a dit qu'il en fallait plus pour ce que j'ai fait que pour charger une colonne d'ennemis. J'ai convenablement répondu. Je me souviendrai de tout, et te raconterai tout.

(Éloge de Mangin, par M. Roy de Pierrefitte.)

L.

Poitiers, le 5 octobre 1822.

A *Monsieur le baron* LOCARD, *préfet de la Vienne.*

(Sept heures du matin.)

Monsieur le Préfet,

Je viens de recevoir le réquisitoire pour l'exécution des condamnés *Berton* et *Caffé*, exécution qui aura lieu aujourd'hui à dix heures du matin.

Je commanderai *moi-même* la gendarmerie d'escorte, et vous pouvez compter sur ma fermeté comme sur tout mon zèle en pareille circonstance.

M. l'avocat général Labady, faisant fonctions de procureur général, en m'envoyant le réquisitoire susdit, me prévient qu'il a requis M. le général Malartic de donner les troupes nécessaires pour protéger l'exécution conjointement avec la gendarmerie.

Je vais me rendre de suite chez M. le général Malartic pour connaître les dispositions qu'il va prendre. Soyez assuré que rien ne sera négligé de ma part.

J'ai l'honneur, etc.

Signé : Chevalier DE BERNON.

(Archives départementales de la Vienne.)

En marge de cette lettre, et de l'écriture du baron Locard, se trouve la lettre suivante :

« Dans mes rapports du 5 au garde des sceaux, j'ai fait

» connaître qu'il avait montré beaucoup de fermeté et de
» zèle dans l'accomplissement de ses devoirs. »

Le jeune homme qui a parlé à Berton lorsqu'on le conduisait au lieu de l'exécution est un nommé Ferdinand *Flocon*, un des rédacteurs du *Pilote*. Il était à la fenêtre de la maison de la dame Dénuel, rue Neuve. Il a dit à Berton :

« *Adieu, général ! vous me connaissez ?* »

Berton, à ce que rapportent des gendarmes, a répondu : « *Vive la liberté !* »

On s'occupe, d'après les ordres de M. le préfet, d'arrêter ce jeune homme, qui vient de faire demander son passeport à la police pour partir de Poitiers.

M. le commissaire de police Lami, que je viens de trouver à la mairie, fait chercher secrètement le susdit *Flocon*, depuis que M. le préfet lui en a donné l'ordre. J'ai mis des gendarmes à la disposition du commissaire de police Lami.

Le capitaine commandant la gendarmerie,
Ch. DE B.

Poitiers, 5 octobre 1822.

Au baron LOCARD, *préfet de la Vienne.*

(Archives départementales de la Vienne.)

Poitiers, le 5 octobre 1822.

Monseigneur,

Berton a été exécuté aujourd'hui à midi ; il devait l'être à dix heures, M. l'avocat général Labady ayant reçu, ainsi que moi, vos instructions dès ce matin à quatre heures. La tranquillité publique n'a pas été troublée un seul instant ; cependant il y avait beaucoup d'étrangers en ville, ce jour étant un jour de marché.

Le peuple n'a manifesté aucune disposition d'intérêt ou sentiment de vive curiosité assez prononcée pour qu'il y ait lieu de penser qu'on ne doit l'absence du plus léger désordre qu'à la présence d'une force armée imposante.

Berton a été accompagné jusqu'au pied de l'échafaud par le respectable abbé Lambert, vicaire général, et un autre ecclésiastique. Il n'a pas voulu se confesser, et le peu d'intérêt que sa situation inspirait au peuple a encore été diminué par cette conduite. (Voir la lettre de l'abbé Lambert, p. 105, qui affirme que Berton s'est confessé deux fois.)

En passant, rue Neuve, devant la maison d'une dame Denuel, un jeune homme qui se trouvait à la croisée dit à Berton : « *Adieu, général ! vous me connaissez ?* »

Berton a répondu : « *Vive la liberté !* »

Ce jeune homme est le sieur Ferdinand Flocon, l'un des rédacteurs du *Pilote* [1].

Berton a conservé en allant à la mort le même sang-froid, on pourrait dire la même insouciance qu'il avait montrée dans sa prison [2]. Il a crié deux fois sur l'échafaud : « *Vive la France ! vive la liberté !* »

---

[1] Membre du gouvernement provisoire en 1848.
[2] Cela contraste singulièrement avec les termes de la lettre du même baron Locard au directeur de la police, en date du 29 août 1822 (voir aux PIÈCES JUSTIFICATIVES, n° XXXIX).

Caffé, qui était couché depuis quelques jours sans être malade ou du moins sans s'en plaindre, s'est coupé, sous sa couverture, un gros artère à l'aîne, sans que l'ecclésiastique qui était auprès de lui, ni les soldats qui, dans son cachot, se tenaient à quelque distance, aient aperçu autre chose que de légers mouvements de sa main sur son ventre. Tous attribuaient l'altération toujours plus sensible de ses traits à ses impressions, que l'heure fatale qui allait sonner pour lui rendait si profonde, même pour les simples spectateurs; enfin, sentant que la vie s'échappait avec le reste de son sang, il a dit : « *Je meurs en chrétien, donnez-moi votre bénédiction.* » Le missionnaire a répliqué : « Je ne puis vous la donner que quand vous serez confessé. — *Eh bien!* a repris Caffé, *embrassez-moi.* » Il s'est soulevé, a étreint l'ecclésiastique, et, un instant après, il est tombé sans vie.

Caffé, comme tous les autres impliqués dans la même affaire, avait été fouillé nombre de fois, sans qu'on eût découvert l'instrument dont il vient de se servir pour trancher ses jours. C'est une petite lancette moins longue que le petit doigt, ce qui explique comment un homme de sa profession a pu mettre à exécution un dessein que sans doute il avait formé depuis longtemps.

..... Aucun des condamnés n'a fait la moindre révélation.

(*Extrait d'une lettre du préfet de la Vienne au garde des sceaux.*)

(Archives nationales.)

PROCÈS-VERBAL constatant l'exécution du nommé BERTON JEAN-BAPTISTE.

Je soussigné, greffier de la Cour royale de Poitiers, certifie que le procès-verbal libellé ci-contre a été par moi transcrit au pied de la minute de l'arrêt de condamnation y énoncé, dans le délai prescrit par l'art. 378 du Code d'instruction criminelle.

Poitiers, le 5 octobre 1822.

Signé :
GALLETIER-GUYOT,
greffier.

Aujourd'hui samedi cinq octobre mil huit cent vingt-deux, à onze heures du matin,

Nous, greffier à la Cour royale de Poitiers, soussigné, rapportons qu'en exécution de l'art. 378 du Code d'instruction criminelle et de l'arrêt de la Cour d'assises du département de la Vienne, en date du douze septembre dernier, qui condamne le nommé Jean-Baptiste Berton, âgé de cinquante-trois ans, ex-maréchal de camp des armées du roi, né à Cullyer (Ardennes), demeurant à Paris, à la peine de mort, comme coupable de complot et attentats contre la sûreté intérieure de l'État, ledit arrêt confirmé par celui de la Cour de cassation du trois de ce mois, nous nous sommes transporté dans la maison habitée par le sieur Avril, propriétaire, et située sur la place du Pilory de cette ville ; que là étant, nous avons vu amener sur ladite place, par l'exécuteur des arrêts criminels de la Cour et escorté par la gendarmerie, le nommé Jean-Baptiste Berton ci-dessus qualifié ; que cet individu est monté sur un échafaud placé sur la susdite place, et qu'il y a eu, par l'exécuteur, la tête tranchée, conformément à l'arrêt susdaté.

Fait et clos le présent procès-verbal à Poitiers, en ladite maison, les jour, mois, an et heure ci-dessus.

Signé : GALLETIER-GUYOT, greffier.

(Greffe de la Cour d'assises de la Vienne.)

Poitiers, le 5 octobre 1822.

COUR ROYALE DE POITIERS.

Parquet du procureur général.
Division criminelle.
N° 1339.

Monsieur le Maire,

J'ai l'honneur de vous prévenir que ce matin, à onze heures et demie, le nommé Jean-Baptiste *Berton*, âgé de cinquante-trois ans, ex-maréchal de camp des armées du roi, né à Cullyer (Ardennes), demeurant ordinairement à Paris, a subi, sur la place publique dite du Pilori, de cette ville, l'arrêt de la Cour d'assises du département de la Vienne, en date du 12 septembre dernier, qui l'a condamné à la peine de mort pour crimes de complot et attentats contre la sûreté intérieure de l'État.

Je vous prie de faire dresser l'acte de décès de cet individu.

Je crois devoir, pour vous mettre à même de constater légalement le décès du nommé Pierre *Caffé*, qui devait aussi subir la peine de mort, conformément à l'arrêt susdaté, et qui, comme vous le savez sans doute, s'est suicidé à la prison, ce matin à neuf heures, vous faire connaître les nom, prénoms, âge, profession, demeure et lieu de naissance de cet individu.

Il était âgé de quarante-quatre ans, ancien chirurgien major, médecin; il était né et demeurait à Saumur (Maine-et-Loire).

Agréez, Monsieur le maire, l'expression de ma considération la plus distinguée.

Pour le procureur général du roi :

L'avocat général,

Signé : LABADY.

A Monsieur le Maire de la ville de Poitiers.

L'original de cette lettre se trouve dans les cartons composant les archives de la bibliothèque de la ville de Poitiers.

L'an mil huit cent vingt-deux, et le huit du mois d'octobre, à dix heures du matin, par-devant nous adjoint, officier de l'état civil de la commune et canton de Poitiers, département de la Vienne, sont comparus Augustin Orillard, âgé de soixante-cinq ans, et Louis Poncelin, âgé de cinquante-deux ans, hommes de confiance, demeurant à Poitiers, lesquels nous ont déclaré que M. Jean-Baptiste Berton, ex-maréchal de camp des armées du roi, âgé de cinquante-trois ans, né à Cullyer (Ardennes), demeurant ordinairement à Paris, est décédé le cinq du présent mois, à onze heures et demie, dans la paroisse de Notre-Dame. Lecture à eux faite du présent acte de décès, ils ont déclaré ne savoir signer de ce requis, et j'ai signé.

Signé : NICOLAS, adjoint.

(*Extrait des registres de l'état civil de la commune de Poitiers, année* 1822.)

LI.

Le gréffier de la Cour royale de Poitiers soussigné certifie que l'arrêt qui précède n'a pu être exécuté à l'égard de Pierre *Caffé*, attendu que ce matin, une heure avant celle fixée pour cette exécution, ledit *Caffé* s'est suicidé à la maison de justice où il était détenu, ainsi qu'il résulte du procès-verbal rapporté par MM. Lamarsonnière, Arlin, médecins, Giraudeau, juge, et Guerry, procureur du roi près le tribunal de première instance de cette ville ; ledit procès-verbal joint aux pièces de la procédure.

Poitiers, le 5 octobre 1822.

Signé : BOURDIER.

(Greffe de la Cour d'assises de la Vienne.)

—

L'an mil huit cent vingt-deux, et le huit du mois d'octobre, à dix heures du matin, par-devant nous adjoint, officier de l'état civil de la commune et canton de Poitiers, département de la Vienne, sont comparus : François Champion, concierge de la Visitation, âgé de trente-huit ans, et Pierre Breton, guichetier, âgé de quarante-trois ans, demeurant à Poitiers, lesquels nous ont déclaré que M. Pierre-Philippe-Ambroise Caffé, médecin, âgé de quarante-quatre ans, né à Saumur, y demeurant (Maine-et-Loire), époux de dame Virginie Delabarde, est décédé le cinq du présent mois, à neuf heures du matin, à la Visitation, paroisse Saint-Porchaire.

Lecture à eux faite du présent acte de décès, ledit Breton a déclaré ne savoir signer de ce requis, et ledit Champion a signé avec nous.

Signé : CHAMPION, et NICOLAS, adjoint.

(*Extrait des registres de l'état civil de la commune de Poitiers, année* 1822.)

LII.

Aujourd'hui huit octobre mil huit cent vingt-deux, nous, greffier à la Cour royale de Poitiers soussigné, avons transcrit le procès-verbal dont la teneur suit :

« Aujourd'hui sept octobre mil huit cent vingt-deux, nous René Moreau, greffier de la justice de paix du canton de Thouars, premier arrondissement communal du département des Deux-Sèvres, commis par arrêt de la Cour d'assises de Poitiers, en date du douze septembre dernier, portant condamnation à mort des nommés..... Jaglin et Saugé, pour remplir les fonctions attribuées par l'article 378 du Code criminel au greffier de cette Cour, ainsi qu'il résulte de la lettre officielle de M. le procureur général du roi à Poitiers à M. le juge de paix de cette ville de Thouars, en date du cinq octobre courant ; nous sommes transporté sur la place publique où doit avoir lieu ledit jugement. A midi précis, l'exécuteur est allé prendre à la prison lesdits condamnés ; il les a amenés sur la place, où lesdits Jaglin et Saugé ont immédiatement eu la tête tranchée au milieu de la force armée qui les entourait. Leurs corps ont été remis, pour être inhumés, à leur famille, qui les a réclamés. Fait et rédigé le présent à Thouars, lesdits jour, mois et an que dessus. — *Signé :* MOREAU, greffier. »

Poitiers, 8 octobre 1822.

GALLETIER-GUYOT, greffier.

M. de Malartic a l'honneur de faire savoir à M. le baron Locard qu'il a reçu cette nuit une ordonnance qui lui a appris que l'exécution avait eu lieu hier, à Thouars, à midi et demi.

La ville avait l'air d'être dans la consternation. *Jaglin* a montré la plus grande douleur et à crié *Vive le roi !* en montant à l'échafaud.

Saugé, au contraire, a montré le plus grand calme et a crié *Vive la liberté ! vive la République !*

Tout a été parfaitement tranquille. M. de Malartic prie M. le préfet d'agréer tous ses compliments.

Poitiers, 8 octobre, à six heures et demie du matin.

(*Billet de la main de M. de Malartic sans signature.*)

(Archives départementales de la Vienne.)

Préfecture
DES DEUX-SÈVRES.

Niort, le 8 octobre 1822.

A Son Excellence le Ministre d'État de l'intérieur.

Monseigneur,

J'ai l'honneur d'informer Votre Excellence que les deux condamnés Jaglin et Saugé ont subi leur jugement hier, 7 du mois, à midi, dans la ville de Thouars.

Saugé a proféré avant sa mort les cris de *Vive la liberté! vive la République!*

L'exécution a eu lieu avec l'ordre le plus parfait. La plus grande consternation était répandue parmi les habitants. Cet acte de justice a produit une impression profonde sur les esprits. Les libéraux sont ici effrayés et silencieux.

Le préfet des Deux-Sèvres,
Marquis DE ROUSSY.

(Archives nationales.)

LIII.

La mort même de ces malheureux ne put apaiser les fureurs du parti royaliste.

Le 23 octobre 1822, le *Drapeau blanc* publiait la note suivante :

« Jusqu'à quel point le fanatisme révolutionnaire ne
» peut-il pas enflammer les cervelles ! On nous écrit de
» Poitiers :

« Le sieur Nicolle, horloger de Poitiers et gendre de
» Saugé qui vient d'être exécuté à Thouars en répara-
» tion du crime de haute trahison, s'était jusqu'à présent
» contenté du nom de Nicolle. Depuis l'exécution de son
» beau-père, il a fait repeindre sa boutique, et ajouter
» à son nom celui de Saugé. »

LIV.

Jaglin paraissait touché et repentant; il écoutait l'ecclésiastique qui l'exhortait. En montant au supplice, il baisa à plusieurs reprises un crucifix sur l'échafaud; il cria *Vive le roi!* Il eut la tête tranchée le premier.

Saugé fit peu d'attention aux conseils du prêtre qui l'assistait. Il conserva jusqu'au dernier moment une hautaine hardiesse; il ne tourna point les yeux vers l'image du Dieu sauveur. Arrivé sur l'échafaud, il se mit à crier *Vive la liberté! vive la République!* et ne cessa de faire entendre ce dernier cri que lorsque le fer eut fait son œuvre.

Terrible fin!...

La ville de Thouars éprouva la même consternation que le 24 février; peu d'habitants parurent dans la journée hors de leurs maisons.

Cette exécution a fait une grande sensation dans la ville et les communes qui l'avoisinent. On regarde le supplice de Jaglin et de Saugé comme une punition infligée au pays. Quelques hommes du peuple les considèrent comme des martyrs courageux de leur cause. Comment détruire de telles idées?

Ces détails sont extraits textuellement d'une lettre du sous-préfet de Bressuire, témoin oculaire, lettre écrite peu d'instants après l'exécution.

—

..... Berton fils est parti hier soir à dix heures. Masselin Julien, domestique de Berton père, partira demain. Je l'ai fait harceler par la police, de manière à lui ôter toute envie de prolonger ici un séjour qui n'aurait pour lui aucun résultat favorable à ses intérêts, puisqu'il ne verra pas Berton.

. . . .

Il existe réellement peu de preuves matérielles contre Saugé; s'il a été condamné à mort, c'est que la dissolution de ses mœurs, la crapule de ses habitudes, le mal que le misérable faisait à la société n'ont pas laissé à la pitié le plus léger accès.

Les jurés ont réclamé MERCI pour Jaglin. Je ne crois pas que M. le procureur général se réunisse à eux pour obtenir une commutation de peine.

(*Extrait d'une lettre du baron* LOCARD *au directeur de la police du royaume, en date du 13 septembre* 1822.)

En marge de cette lettre, et de la main du directeur de la police, on lit :

« Le féliciter en l'assurant que le gouvernement rend
» toute justice à son dévouement, à son zèle, et particu-
» lièrement aux soins qu'il a mis et qu'il continuera à
» mettre certainement dans cette affaire jusqu'à la fin. »

(Archives nationales.)

LV.

Paris, le 4 octobre 1822.

Ministère
DE L'INTÉRIEUR.

Monsieur le Préfet,

Je vous prie de donner les ordres les plus positifs pour que les corps des condamnés *qui vont être exécutés ne* soient ni en tout ni en partie soustraits à la sépulture, qui leur sera donnée suivant l'usage en pareil cas. Il est possible que les fils Berton partent aujourd'hui même pour Poitiers, peut-être dans l'intention de rendre aux estes de leur père des devoirs que l'ordre, *la convenance et la sûreté publique* ne sauraient approuver.

Recevez.....

Pour le ministre et par autorisation :
Le Directeur de la police [1].

A Monsieur le Préfet de la Vienne.

(Minute conservée aux Archives nationales.)

...... Quant aux sages mesures dont vous me faites pressentir l'utilité pour le cas où les fils de Berton réclameraient le corps de leur père, ou manifesteraient l'intention de lui rendre de pieux devoirs, vous pouvez être parfaitement tranquille ; tout avait été prévu. Immédiatement après l'exécution, et sous l'escorte d'un gendarme et d'agents de police, le corps et la tête de Berton, ainsi que tous les vêtements dont il était couvert en marchant au supplice, ont été, en présence d'une foule de gens et sans le moindre trouble, déposés au cimetière commun, dans l'une des deux fosses très-profondes qui avaient été creusées à l'avance.

Le commissaire de police Lamy a montré beaucoup de zèle, de présence d'esprit et de sagacité. C'est lui que j'avais chargé de veiller à tous ces détails.

[1] M. Franchet Desperey.

..... Jaglin et Saugé sont partis ce matin pour Thouars; ils y arriveront demain matin.

(*Extrait d'une lettre du baron* LOCARD, *préfet de la Vienne, au directeur de la police, en date du 6 octobre 1822.*)

(Archives nationales.)

Monsieur le Baron,

J'ai l'honneur de vous prévenir que depuis hier matin on répandait le bruit dans la ville que le corps de l'ex-général Berton avait été exhumé et enlevé du cimetière. J'avais déjà fait visiter tous les jours la fosse où est placé le corps de Berton, et ce matin j'ai interrogé les fossoyeurs qui travaillent journellement au cimetière de l'Hôpital-des-Champs. Il résulte des renseignements recueillis à ce sujet que tout ce qu'on a dit est faux et n'a d'autre cause que la malveillance.

J'ai l'honneur, etc.

Signé : LAMI,
commissaire de police.

Poitiers, le 8 octobre 1822.

Au baron LOCARD, *préfet de la Vienne.*

(Archives départementales de la Vienne.)

LVI.

L'acte d'accusation dans l'affaire Berton fut apprécié de la manière suivante par le garde des sceaux, auquel il avait été envoyé immédiatement en communication :

Paris, 31 juillet 1822.

Monsieur le Procureur général,

J'ai reçu l'acte d'accusation contre Berton et ses complices. Je l'ai lu avec beaucoup d'intérêt. C'est, sous tous les rapports, un excellent ouvrage ; je vous en fais mon compliment et mes remerciements.

Vos talents et votre caractère me donnent la certitude que vous aurez le même succès dans les débats.

Recevez.....

Le garde des sceaux, ministre secrétaire
d'État de la justice,
Comte DE PEYRONNET.

(Éloge de Mangin, par M. Roy de Pierrefitte.)

———

..... L'acte d'accusation dans l'affaire de Saumur était tout différent. M. Mangin, rencontrant les noms de quelques députés, avait eu soin de les mettre le plus possible en lumière. Non-seulement il avait rapporté les propos de Berton annonçant à Thouars qu'un gouvernement provisoire était établi ; que le général Foy, Kératry, Benjamin Constant, d'Argenson, de Lafayette en faisaient partie ; que le général Demarçay était informé du mouvement, que M. de La Fayette était généralissime des troupes ; mais il avait rassemblé pêle-mêle tous les indices qui pouvaient faire croire à une participation directe des députés au complot.

Heureusement pour les députés véritablement engagés dans le complot de Saumur, cet acte d'accusation était rédigé avec peu de discernement, et le vrai et le faux s'y mêlaient.

Ainsi l'accusation était vraie en ce qui concernait M. de La Fayette [1], elle était fausse en ce qui concernait le général Foy, Laffitte et Benjamin Constant.

Relativement à M. de La Fayette lui-même, il était peu convenable de se servir des mots « *il est prouvé* », sans fournir et sans pouvoir fournir d'autre preuve qu'un propos attribué à un accusé contumace par un accusé anonyme. Il y avait dans ce concours de bévues plus qu'il n'en fallait pour ôter à l'acte d'accusation toute autorité et pour fournir aux députés accusés une défense triomphante.

DUVERGIER DE HAURANNE
*(Histoire du gouvernement parlementaire
en France).*

Le général Foy protesta avec une chaleureuse indignation contre les insinuations perfides du procureur général Mangin.

« Le magistrat, s'écriait-il, contre lequel mes honorables amis et moi avons de justes réclamations à élever

---

[1] Cette opinion de Duvergier de Hauranne est peut-être aussi risquée que celle formulée par Mangin. Le général de La Fayette, très-compromis dans la conspiration de Belfort, n'a jamais pu être rattaché d'une manière sérieuse au complot de Berton.

n'est point un magistrat inamovible ; c'est un fonctionnaire qui attend du ministère actuel un avenir et des récompenses. Où cherche-t-il des règles de conduite ? dans l'opinion du ministère et de ses partisans, dans ses journaux, dans l'esprit de la faction qui domine aujourd'hui la France...

(Cris : à l'ordre ! Murmures à droite.)

» Il a cité mon nom dans deux circonstances. Il a dit que Berton avait avoué qu'il y avait un gouvernement provisoire établi à Paris, et que j'en faisais partie. Le fait est-il vrai, je n'en sais rien ; mais ce n'est pas là le point principal de l'accusation. C'est la déposition d'un nommé Grandmenil, contumace, qui ne reparaîtra plus, et sur le compte duquel on mettra tous les mensonges qu'il importe à la faction de mettre en avant, mensonges qui ne sont pas sortis de sa bouche et qui sont l'ouvrage du ministère...

(A ce moment l'orateur est rappelé à l'ordre.)

» J'ai le droit de parler avec indignation, et je répète que c'est une machination atroce, perverse, infâme, sur laquelle je supplie la Chambre d'ordonner une enquête. »

(*Discours prononcé à la séance de la Chambre des députés, le 1er août 1822, par le général Foy répondant au garde des sceaux.*)

A cette même séance, le général de La Fayette prononça le discours suivant :

« Quelle que soit mon indifférence actuelle pour les inculpations et les haines de parti, je crois devoir ajouter quelques mots à ce qu'ont dit mes honorables amis.

» Pendant le cours d'une carrière dévouée tout entière à la cause de la liberté, j'ai constamment mérité d'être en butte à la malveillance de tous les adversaires de cette cause. Je ne me plains pas, quoique j'aie le droit de trouver un peu leste le mot *prouvé* dont M. le procureur du roi s'est servi à mon occasion ; mais je m'unis à mes amis pour demander la plus grande publicité au sein de cette Chambre, en face de la nation. C'est là que nous pourrons, mes accusateurs et moi, dans quelques rangs qu'ils soient placés, nous dire, sans compliment, ce que, depuis trente-trois années, nous avons eu mutuellement à nous reprocher. »

(*Séance du 1er août* 1822.)

LVII.

A Monsieur Charles Pontois, *avocat à Poitiers.*

Au Breuil, le 5 septembre 1822.

Monsieur,

J'ai reçu la lettre que vous m'avez fait l'honneur de m'adresser...... J'avais bien prévu comment on composerait l'auditoire d'après les dispositions que l'on avait faites dans l'intérieur de la salle, quels sentiments il exprimerait, et le parti qu'on saurait en tirer. J'avais bien prévu aussi que M. Mangin voudrait tout conduire ; mais ce que je n'avais pas prévu, c'est qu'après avoir lu dans le Code d'instruction criminelle ce qui est relatif à la tenue des séances des cours d'assises, et les droits respectifs du parquet d'une part, des accusés et de leurs avocats de l'autre, on le laissât aussi paisiblement maître absolu du champ de bataille, insultant, blâmant, intimidant les témoins ou les accusés qui ne parlent pas dans son sens, louant, encourageant à en dire encore plus, les témoins dont la déposition lui est agréable. On me répondra, je le sais, que le président est là pour tout approuver ; mais quand on cite la loi, quand on en réclame l'exécution, on a une certaine force. Si les avocats avaient obligé la Cour à rendre sur leurs réquisitions cinq ou six arrêts dans une séance, ou à mentionner au procès-verbal des rejets en opposition avec la loi, il me semble que cela lui eût donné à penser.

Les avocats diront tout ce qu'ils voudront dans leurs plaidoyers, quoiqu'il paraisse qu'on ait réglé à l'avance le temps qu'on voulait consacrer à les entendre ; mais ce qu'ils diront ne pourra fixer l'attention de la Cour de cassation en cas de pourvoi, et sera considéré comme non avenu. Ce que je dis est bien loin de vous être applicable ; vous avez, au contraire, dans votre position, et à peu près seul, fait plus que la prudence ne conseillait. Il n'en est pas moins vrai qu'en comparant les débats de Colmar à ceux de Poitiers, il me semble que tout l'avantage est en faveur du barreau alsacien.

Il n'y a de bons avocats aujourd'hui, dans les causes politiques, que ceux qui sont au-dessous de quarante ans, et vos plus fameux ne sont pas dans ce cas.

. . . .

La mention qu'on a fait de mon nom dans l'acte d'accusation est une galanterie dont je suis purement redevable à la bienveillance dont m'honore M. Mangin. S'il y avait un peu de respect de soi-même dans la Chambre des députés, le procureur général serait mandé à la barre et réprimandé sur la manière irrespectueuse dont il s'est exprimé envers les membres du côté gauche. Au reste nous causerons de tout cela, et vous rectifierez les idées nécessairement très-confuses que j'ai sur ce procès.

Agréez.....

D. *(Général Demarçay.)*

Préfecture
D'INDRE-ET-LOIRE.

Cabinet.

Tours, le 13 août 1822.

Monsieur et cher collègue,

M. Demarcay, député, est arrivé ici avant-hier soir, venant par la grande diligence partie de Paris le 10, sous le nom de Richard. Il est reparti hier soir pour Poitiers, par la diligence de Bordeaux, sous le même nom de Richard.

Quoiqu'il n'ait pas l'air de vouloir chercher à se cacher par la manière dont il exprime ses opinions, qu'il rend avec toute la chaleur et la véhémence qu'on a pu remarquer dans ses amis, j'ai cru, en bon voisin, devoir vous donner avis de ce passage, à raison de ce qu'il est porté sur les feuilles des voyageurs sous un autre nom que le sien.

On m'a assuré que de Paris ici il avait parlé avec la plus grande violence sur la marche du gouvernement, sur les conspirateurs, qu'il considère comme des victimes de trames odieuses.

Veuillez agréer, Monsieur et cher collègue, etc.

Le préfet d'Indre-et-Loire,
Comte DE WAURS.

A Monsieur le Préfet de la Vienne.

(Archives départementales de la Vienne.)

LIX.

A Monsieur Charles Pontois, *avocat à Poitiers.*

Paris, 4 août 1822.

J'ai reçu hier, Monsieur, la lettre que vous avez eu la bonté de m'adresser avec les pièces qui l'accompagnaient (celle du 29), et aujourd'hui j'ai reçu celle du 1er de ce mois, que je communiquerai également à nos amis. M. de Saint-Aulaire, comme vous le verrez par les journaux, aux termes de la loi rendue dans la dernière session, se porte accusateur de M. le procureur général Mangin, et demande qu'il soit appelé à la barre de la Chambre. Je vous engage à lire le *Constitutionnel* et le *Courrier* de ce matin, ils contiennent des articles de Poitiers.

Agréez.....

D. *(Général Demarçay.)*

Le vendredi 19 septembre 1823, Mangin, qui avait eu une audience du roi, en rendait compte à sa femme en ces termes :

« Sa Majesté m'a accueilli avec un sourire plein de bonté, et voici notre conversation :

» *Le roi :* Monsieur Mangin, j'ai du plaisir à vous voir... je suis charmé de vous voir... vous m'avez bien servi l'année dernière... savez-vous que vous m'avez bien servi !

» *Moi* : Sire, l'approbation de Votre Majesté est la plus douce et la plus glorieuse récompense que je puisse recevoir. Mon dévouement à Votre Majesté est chez moi un principe de vie comme le sang qui fait battre mon cœur ; toute mon existence est à vous, Sire.

» *Le roi* : Vous avez été menacé, monsieur Mangin ?

» *Moi* : Sire, cela ne s'est point borné à des menaces écrites.

» *Le roi* : Quoi ! il y a eu des gestes ?

» *Moi* : Sire, il y a eu complot.

» Silence.

» *Moi* : J'ai été bien maltraité depuis cette affaire ; la Cour de cassation a improuvé ma conduite.

» *Le roi* : C'est vrai, c'est vrai.

» *Moi* : Cela fut d'autant plus mal, qu'ayant improvisé mon discours dans cette affaire, il fallait, ce me semble, avant de blâmer mes paroles, me demander si j'avouais celles qu'on me mettait dans la bouche.

» *Le roi* : La Cour de cassation n'a pas été bonne pour vous, elle a été mauvaise pour vous.

» *Moi* : Au surplus, Sire, j'étais soutenu et consolé par l'honorable accueil que m'avait fait Votre Majesté, et je sais bien que je trouverai votre appui toutes les fois que j'aurai fait mon devoir.

» *Le roi* : Monsieur Mangin, continuez à me servir aussi bien que vous l'avez fait.

» Sa Majesté m'a fait une inclinaison de tête et je me suis retiré..... »

(Éloge de Mangin, par M. Roy de Pierrefitte.)

Poitiers, le 7 août 1822.

A Monseigneur le Garde des sceaux, ministre secrétaire d'État de la justice.

Monseigneur,

Je remercie Votre Grandeur du soin qu'elle a pris de m'informer de l'issue de la proposition de M. de Saint-Aulaire. Je suis vivement touché de l'empressement qu'elle a mis à m'épargner la peine et l'inquiétude qu'une telle proposition pouvait me causer.

Non, Monseigneur, *mon zèle ne se refroidira point;* il m'est inspiré par ma conscience, il est dégagé de tout intérêt personnel. J'aimerais mieux, sans doute, qu'on m'eût épargné la triste célébrité qui va s'attacher aux débats de cette affaire, mais il y a longtemps que j'y suis préparé. Ce n'est pas impunément que l'on est juste contre les révolutionnaires et les méchants. J'espère que le calme et la modération que je conserverai pendant les débats répondront puissamment aux lâches insinuations que l'on s'est permises contre moi.

Le procureur général,

Signé : MANGIN.

Cabinet
du
PRÉFET DE POLICE.

Bulletin confidentiel du 2 août 1822.

Un rapport qui m'est parvenu ce soir m'annonce que l'inquiétude des chefs libéraux est extrême, d'après ce qui s'est passé hier à la Chambre des députés. M. B. Constant paraît être celui qui pourrait concevoir les plus justes craintes. On m'a dit qu'il redoutait surtout d'être compromis par une lettre écrite par lui à un habitant de Montmorillon. Ce dernier est un médecin, le plus renommé du pays et qui semble avoir été ecclésiastique. Il m'est impossible de vous dire quel degré de confiance on doit ajouter à ce rapport.

(Archives nationales.)

LX.

Herserange, ce 3 septembre 1822.

Mon cher Monsieur,

En partant de Paris pour venir en Lorraine où m'appelaient des soins nécessaires à ma santé et à mes affaires, j'ai eu le plaisir de vous écrire pour vous prier de vous charger d'une mission relative à la procédure qui occupe en ce moment votre Cour d'assises.

Il s'agit de recueillir exactement dans les débats tous les mots qui peuvent y être prononcés et intéresser M. Laffitte, et de lui en donner avis directement à *lui-même*.

Ne recevant rien de vous qui m'apprenne si vous avez accepté, j'ai quelques raisons de craindre qu'au milieu des petits embarras de mon départ, mon domestique n'ait oublié de mettre ma lettre à la poste; dans l'incertitude, je vous écris celle-ci pour vous prier de vouloir bien vous charger de ce soin et vous dire que je vous en serai personnellement fort reconnaissant. J'ai pensé que la tâche serait d'autant moins pénible pour vous, que déjà la défense dont vous êtes chargé vous oblige d'assister aux débats.

L'acte d'accusation n'avait pas prononcé mon nom. Était-ce un oubli, une négligence, une faveur ou un mépris; ou bien Voelfel s'est-il ravisé de moi seulement aux débats! Quoi qu'il en soit, je vous prie de croire que c'est là le moindre de mes soucis. Ce n'est donc pas de moi qu'il s'agit, mais de mon ami, que sa position financière rend naturellement plus susceptible.

Adieu, mon cher Monsieur; agréez, avec les vœux que je fais pour vos succès, la nouvelle assurance de tout mon attachement pour vous.

MANUEL.

A Monsieur Pontois, avocat à Poitiers.

LXI.

A Monsieur Pontois, *avocat à Poitiers.*

M. Laffitte et moi nous vous prions, mon cher Monsieur, de vouloir bien vous charger de déposer au parquet de votre Cour royale la plainte en double original que vous trouverez sous ce pli. M. Laffitte y joint une procuration pour vous donner caractère et vous mettre en état d'affirmer que la plainte est son ouvrage.

M. Laffitte a pris ce parti après la réponse que lui a faite M. le garde des sceaux, à qui il s'était adressé d'abord et qui a refusé de recevoir sa plainte. Je n'ai pas besoin de vous expliquer pourquoi il dépose double plainte : c'est pour aller à toutes fins et marcher au devant de quelques-unes des chicanes qu'on pourra et que probablement on voudra lui faire.

Quelles que soient les suites que donnera à la plainte le ministère public, quelque réponse qu'il juge à propos de faire, veuillez bien aviser, de tout ce qui pourra l'intéresser, M. Laffitte, qui vous en sera reconnaissant.

Recevez mes amitiés.

MANUEL.

Ce 23 octobre.

Monsieur,

Ayant eu l'avantage de faire connaissance avec vous à Paris, je viens avec confiance vous demander un service, qui, en même temps qu'heureusement il ne vous occasionnera pas beaucoup de peine, me sera très-essentiel : c'est de vouloir bien m'envoyer le compte rendu du procès Berton par Barbier, et le même par Catineau. S'il y avait quelques difficultés à me faire parvenir ce dernier, l'auteur étant, je crois, poursuivi, je me contenterais du premier, qui est officiel ; mais les deux me seraient bien nécessaires.

Agréez.....

Benjamin CONSTANT,
député, rue d'Anjou-Saint-Honoré, n° 17.

Paris, ce 4 novembre 1822.

A Monsieur Pontois, *avocat à Poitiers.*

Paris, 5 novembre 1822.

Monsieur,

La seconde plainte que l'on devait d'abord adresser à M. Mangin lui-même est actuellement inutile. J'espère que cela ne vous arrêtera pas dans vos poursuites : Manuel m'en a paru persuadé.

Je ne me fais pas illusion sur le résultat de toutes mes démarches. Des magistrats qui écoutent froidement de pareilles infamies ne les punissent pas.

Recevez.....

J. LAFFITTE.

A Monsieur Pontois, *avocat à Poitiers.*

Mon cher Monsieur,

Vous trouverez tout simple que je me sois chargé de répondre à la dernière lettre que vous avez écrite à M. Laffitte. Elle nécessite une explication, qui sera plus claire par intermédiaire.

Tout est bien dans ce que vous avez fait jusqu'à présent. M. Laffitte ne peut qu'approuver et vous remercier.

Vous lui demandez les renseignements nécessaires pour pouvoir soutenir la plainte; vous paraissez supposer que ce sera bientôt, et infailliblement devant la Cour de Poitiers, que cette plainte sera portée à l'audience : c'est sur ce point que je viens causer un moment avec vous, et vous dire pourquoi nous ne nous pressons pas de vous envoyer le mémoire que M. Laffitte fait préparer.

Les lois nouvelles sur les délits de la presse ont posé des règles *générales* sur le mode de poursuite contre les calomniateurs; mais il en existait de *spéciales* pour le cas où le calomniateur est magistrat. Celles-ci sont-elles censées abrogées parce que la loi nouvelle ne les a pas rappelées? L'affirmative ne paraît guère soutenable.

Ces règles spéciales avaient été établies par les articles 479 et suivants du Code d'instruction criminelle. Ici se trouvait une lacune. La loi traçait le mode de poursuite pour les *crimes et délits* commis par les juges *hors l'exercice de leurs fonctions* (art. 481 et 482); elle le traçait aussi pour les *crimes* commis *dans l'exercice de leurs fonctions*, mais elle se taisait sur la poursuite des simples *délits* commis dans cette dernière hypothèse.

L'omission a été réparée en partie par l'article 10 de la loi du 20 avril 1810, qui porte que, lorsque des membres des Cours impériales seront prévenus de délits de police correctionnelle, les Cours impériales en connaîtront.

Mais cet article ajoute qu'elles en connaîtront de la manière prescrite par l'article 479 du Code d'instruction criminelle. Cependant cet article ne s'occupe que des juges de paix, des juges de première instance ou du ministère public près de ces tribunaux. Sans doute, dans ce cas, la compétence de la Cour appelée à prononcer ne saurait être difficile à déterminer ; mais quand c'est un membre de la Cour elle-même, est-ce bien devant elle que la loi veut que les poursuites soient exercées ?

Ce qui justifie le doute, c'est la disposition des articles 481 et 482, d'après lesquels, lorsqu'il s'agit de poursuivre un magistrat de Cour royale, la loi veut que la plainte adressée au procureur général soit par lui renvoyée au garde des sceaux, qui, à son tour, la fait parvenir à la Cour de cassation pour que cette Cour renvoie l'affaire soit à un autre tribunal, soit à une autre Cour que celle à laquelle appartient le membre inculpé.

Quoi qu'il en soit, deux commentateurs du Code criminel ont diversement établi les conséquences, sur ce point, qui dérivent de l'article 10 de la loi du 20 avril. L'un, M. Carnot, pense que cet article a laissé dans toute sa force la disposition du Code criminel que je viens de rappeler ; l'autre, M. Legraverend, pense au contraire que cette disposition ne peut plus recevoir son application lorsqu'il s'agit d'un simple délit, et que, dans ce cas, c'est la Cour même à laquelle appartient le juge poursuivi qui est appelée de plein droit à le juger.

Si cette dernière proposition est vraie, il faut convenir qu'elle est peu raisonnable ; car il est peu raisonnable de faire juger le délinquant par ses *camarades* (si je puis me servir de cette expression familière).

Comment M. Mangin entendra-t-il la question ? Je l'ignore : mais ce qui me paraît indubitable, c'est que dans tous les cas il ne peut pas y avoir lieu pour vous à une discussion prochaine sur la plainte de M. Laffitte. Si l'on pense que l'article 482 du Code est applicable, il faut attendre que la Cour royale devant laquelle il faudra procéder ait été désignée par la Cour de cassation. Dans le cas contraire, il paraît impossible que M. Laffitte ne soit pas averti à son domicile du parti que prendra le ministère public, et assigné à l'audience que la Cour aura accordée pour instruire et plaider l'affaire.

Je veux conclure de tout ceci que nous ne pouvons pas être victimes d'une surprise dans cette circonstance; que M. Laffitte aura le temps nécessaire pour faire préparer son mémoire, et même, dans tous les cas, celui de délibérer sur le point de savoir s'il lui convient d'accepter la Cour de Poitiers, ou de se pourvoir en règlement de juges.

Mais pour se mettre en état de se faire sur ce point une opinion éclairée, M. Laffitte vous prie de lui faire savoir ce que vous pensez vous-même de l'impartialité à laquelle il est permis de s'attendre dans une telle circonstance. Cette question, vous le savez, ne peut être éclaircie que par la connaissance du caractère des magistrats, de leurs opinions politiques, et de l'effet que peut avoir déjà produit sur eux la publicité du débat qui s'apprête.

Si vous jugez à propos d'entrer sur cet objet dans quelques détails, vous pouvez et vous devez compter sur notre discrétion. Faites seulement qu'ils nous parviennent sans faire en route de fâcheuses rencontres.

Adieu, mon cher Monsieur. Recevez, etc.

MANUEL.

Ce 19 novembre 1822.

A Monsieur PONTOIS, *avocat à Poitiers.*

Monsieur,

Vous devez avoir reçu de Paris ma plainte, conforme à celle de M. Laffitte, sauf les griefs qui me sont personnels, et une procuration pour la présenter, comme vous avez présenté celle de M. Laffitte. Je comptais vous écrire au même moment, mais le temps m'a manqué, parce qu'ayant l'intention de me défendre moi-même, je n'avais que peu d'instants pour me préparer. Je répare cette omission maintenant, vous priant, si l'absence de ma lettre vous avait empêché de présenter ma plainte, de la présenter sans aucun retard.

Vous aurez vu que le rejet du tribunal de première instance est en partie fondé sur ce que je n'ai pas fourni preuve suffisante de la présentation de ma plainte. Il est donc très-essentiel que, lors de mon appel devant la Cour royale, je fasse tomber ce motif, le seul qu'on ait opposé à la disposition de l'article 372 du Code d'instruction criminelle; mais il est nécessaire, pour que j'atteigne ce but, que je fournisse le récépissé du greffier du parquet, ou toute autre pièce également authentique. Je m'en remets à vos lumières et à votre obligeance pour me procurer ce que mon défenseur regarde comme indispensable. Il se peut que le délai entre mon appel et le jugement de la Cour royale soit extrêmement court, de sorte que la promptitude que vous voudrez bien mettre à me faire tenir cette pièce sera un surcroît d'obligation.

J'ai reçu les deux comptes-rendus que j'avais pris la liberté de vous demander.

Agréez-en tous mes remerciements et l'assurance, etc.

BENJAMIN CONSTANT,

rue d'Anjou-Saint-Honoré, 17.

Paris, ce 22 novembre 1822.

A Monsieur PONTOIS, *avocat à Poitiers.*

PLAINTE.

A Monsieur le premier Avocat général près la Cour royale de Poitiers.

Plainte en diffamation par Benjamin CONSTANT, **propriétaire et député de la Sarthe,**

CONTRE

Monsieur MANGIN, procureur général à la Cour royale de Poitiers.

Monsieur l'Avocat général,

M. Mangin, procureur général à la Cour royale de Poitiers, a, dans l'exercice de ses fonctions, si tant est qu'il y soit demeuré, en se déclarant incompétent pour ce qui me regardait, attaqué mon honneur, ma réputation, mon caractère moral et politique.

Je me dois à moi-même, au département qui m'a investi de sa confiance, à la Chambre dont j'ai l'honneur de faire partie, de poursuivre, par toutes les voies que notre législation peut m'offrir, la réparation de cette diffamation.

Je vais retracer en peu de mots les imputations calomnieuses dirigées contre moi par M. le procureur général Mangin.

Ce magistrat m'a désigné dans son acte d'accusation contre le général Berton et autres, et sur la relation d'un propos prêté à un contumace, comme l'un des membres d'un prétendu comité directeur.

Il a dit, dans le même acte d'accusation, qu'il résultait des propos tenus par ce contumace, que j'avais donné, ainsi que trois de mes collègues, des instructions à ce contumace pour l'arrestation de la famille royale et le renversement du gouvernement du roi.

Il a attaqué mes discours dans la Chambre des députés, attentant de la sorte également aux droits politiques d'un des premiers pouvoirs de l'État et à mon caractère personnel.

Il a rappelé mes opinions à la tribune pour me traiter de lâche et de perfide.

Il a dit en termes exprès que j'avais séduit un homme qui, par l'effet de cette séduction, se trouvait sur le banc des accusés. Cet accusé a été condamné comme conspirateur ; donc, si je l'avais séduit, son sang retomberait sur ma tête.

Ces imputations sont d'une telle gravité, que, vérifiées, elles conduiraient à l'échafaud celui contre qui on se les permet. Fausses, elles doivent vouer leur auteur à l'infamie.

Je demande, je dois obtenir de la loi et des magistrats qui en sont les organes la réparation de ces sanglants outrages.

Ce considéré, et attendu que les faits ci-dessus énoncés constituent le délit prévu par les articles 13 et 18 de la loi du 17 mai 1819 et 6 de la loi du 25 mars 1822, je requiers qu'il vous plaise, aux termes de l'article 50 du décret du 6 juillet 1810, et en tant que M. le procureur général se trouve lui-même empêché, donner suite à la présente plainte, conformément aux articles 10 de la loi du 20 avril 1810 et 479 du Code d'instruction criminelle et autres du même Code y relatifs, pour, par le tribunal compétent, être prononcé, dans l'intérêt de la vindicte publique, telle peine qu'il appartiendra, et être de plus statué sur les conclusions que j'entends prendre à fin de réparations civiles, déclarant à cet effet me porter partie civile, et ferez justice.

Paris, ce 20 octobre 1822.

Signé : Benjamin CONSTANT,
député de la Sarthe.

Plus bas est la mention suivante :

Enregistré à Paris, le 11 novembre 1822, f° 77 r., case 8. Reçu un franc dix décimes, décime compris. — *Signé :* Beaujeu.

« Il est ainsi en l'original de la pièce ci-dessus trans-
» crite, certifiée véritable, signée et paraphée, et dis-
» posée pour minute à M. Pierre Eugène Cottenet, l'un des
» notaires à Paris soussignés, par acte passé devant son
» collègue et lui, le onze novembre mil huit cent vingt-
» deux, enregistré, auquel ladite pièce est demeurée
» annexée.

» GILBERT.
» COTTENET. »

Nous, juge au tribunal civil de première instance du département de la Seine, séant à Paris, certifions à tous qu'il appartiendra que les signatures apposées à l'acte ci-contre sont bien celles de MM. Cottenet et Gilbert, notaires à Paris, et que foi doit y être ajoutée tant en jugement que hors.

Paris, ce douze novembre mil huit cent vingt-deux.

MANYÈS.

Poitiers, 27 novembre 1822.

Monsieur,

Aussitôt la réception de la lettre que vous m'avez fait l'honneur de m'écrire, en date du 22 de ce mois, je me suis empressé d'écrire au premier avocat général la lettre dont vous trouverez la copie ci-incluse. M. l'avocat général m'a répondu celle que j'ai également l'honneur de vous transmettre, avec le certificat qui l'accompagnait. Je pense, Monsieur, que de cette manière votre but sera suffisamment rempli, et qu'avec cette dernière pièce il vous sera facile de prouver à la Cour de Paris que votre plainte a bien et dûment été déposée.

Vous avez, Monsieur, été plus heureux que M. Laffitte, car je me rappelle avoir fait pour cet honorable député la même demande que j'ai adressée pour vous au premier avocat général; et ce magistrat me répondit, à cette époque, que jamais on n'était dans l'usage, au parquet de la Cour, de donner de récépissés des plaintes qui y étaient remises, non plus que d'en rédiger des actes de dépôt. Je fus obligé de me contenter de sa parole qu'il ne nierait point, si son attestation devenait nécessaire, que la plainte lui eût été portée; et je vous avouerai que son caractère personnel devint pour moi, à cette époque, une garantie suffisante de l'existence du dépôt.

Il me semble qu'il devient désormais inutile que je fasse le dépôt de la copie de la plainte que vous m'adressez : ce serait un double emploi.

Je ne prévois pas vers quelle époque il plaira au parquet de prendre une décision relativement à votre plainte. La dernière fois que je vis M. l'avocat général, c'est-à-dire il y a cinq jours, il me dit bien que le parquet se réunirait incessamment pour en délibérer, et qu'il serait statué et sur la vôtre et sur celle de M. Laffitte par une seule et même détermination; mais jusqu'à présent je n'ai entendu parler de rien.

Vous avez sans doute, Monsieur, en prenant la marche que vous avez suivie, adopté le mode de poursuite qui vous a paru le moins susceptible de difficultés; mais est-ce bien celui qui amènera le plus promptement à une décision quelconque? Voilà ce qui me paraît un peu douteux.

Il me semble, sauf toutefois meilleur avis, que, vous étant rendu par votre plainte, partie civile, la voie de l'assignation directe devant la Cour, première chambre civile, aux termes du décret du 6 juillet 1810, vous eût offert un moyen beaucoup plus expéditif. Il aurait fallu que la Cour statuât sur sa compétence ou son incompétence, et on aurait gagné de donner toute la publicité désirable à une discussion qui, aujourd'hui, ne sera agitée que dans l'enceinte du parquet. Au surplus, si le parquet ne prenait prochainement une détermination, il serait toujours temps d'en venir à ce moyen.

Veuillez, etc.

PONTOIS, avocat.

La suscription est :

A Monsieur Benjamin Constant, député de la Sarthe, rue d'Anjou-Saint-Honoré, 17, Paris.

Poitiers, ce 12 décembre 1822.

A Monsieur MANUEL, *député.*

J'aurais répondu beaucoup plus tôt, Monsieur, à la lettre que vous m'avez fait l'honneur de m'écrire en date du 19 du mois dernier [1], si depuis cette époque les assises n'avaient pas pris tous mes instants, et si, d'un autre côté, je n'avais pas attendu, pour vous écrire, une réponse à deux lettres que j'avais successivement adressées au premier avocat général, afin de savoir quelle marche il se proposait d'adopter dans l'affaire qui nous occupe. Je me suis rendu d'autant plus volontiers aux raisons que vous avez pris la peine de m'exposer dans votre lettre du 19, que j'avais conçu de la question la même opinion que vous; et, si j'avais prié M. Laffitte de me faire parvenir quelques renseignements au soutien de sa plainte, c'était uniquement afin qu'en tout événement je ne fusse pas pris au dépourvu.

Aujourd'hui nous sommes beaucoup plus avancés qu'alors, en ce sens que nous connaissons le parti qui a été adopté par le parquet, quoiqu'il ne m'ait pas été communiqué d'une manière officielle.

Le premier avocat général a, il est vrai, laissé mes lettres sans réponse; mais, hier, ayant été le trouver, et l'ayant prié de me dire ce qui avait été résolu au sujet de la plainte de M. Laffitte, il m'a dit qu'il avait, en vertu des articles 481 et 482 du Code d'instruction criminelle, envoyé toutes les pièces au ministre de la justice, lequel lui en avait même adressé un récépissé; de sorte que,

---

[1] Voir à la page 265 la lettre de Manuel.

maintenant, si des démarches sont nécessaires pour hâter la décision de l'affaire, c'est à Paris, dans les bureaux de la chancellerie, qu'elles doivent être faites, et non plus à Poitiers. Il a été ajouté que la même résolution avait été prise pour les plaintes de MM. Benjamin Constant et Kératry.

Il semblerait résulter de là que le ministère public estime que, pour les délits commis par les magistrats d'une Cour royale dans l'exercice de leurs fonctions, il y a lieu à poursuites suivant le même mode que pour les délits commis hors de l'exercice de ces mêmes fonctions. Ce sera dès lors à la Cour de cassation à statuer sur le règlement de juges, si toutefois le garde des sceaux juge à propos de lui transmettre les pièces.

Si vous voulez que je vous exprime toute ma pensée, je crois que le ministre n'a pas été fâché que les choses, après avoir suivi leur cours légal, en arrivassent au même résultat. Il a refusé de recevoir directement les plaintes et a renvoyé devant qui de droit. On s'est pourvu devant qui de droit, et ce recours a fait arriver de nouveau entre ses mains les diverses plaintes. Si le garde des sceaux veut étouffer la chose et ne rien transmettre à la Cour de cassation, je vous demande quelle est la puissance qui pourra l'y contraindre ? Dans une semblable occurrence, il n'y a que le sentiment du devoir et de la justice ou de la pudeur qui puisse devenir une garantie d'action. Mais avec M. de Peyronnet, ce sentiment, s'il existe chez lui, pourrait bien devenir plutôt une garantie d'inertie.

C'est cette incertitude qui m'avait fait penser qu'il aurait été peut-être à propos de suivre une autre marche. Aucun des plaignants ne peut se dissimuler qu'il n'a pas grand espoir à fonder sur le succès de ses poursuites, et M. Laffitte, dans sa dernière lettre, m'a semblé, à cet égard, ne se faire aucune illusion. C'est donc bien moins le résultat qu'il faut prendre en considération, que l'éclat et la publicité de la plainte, la marche et le développement de la discussion.

Dès lors, quelle que soit la Cour devant laquelle cette discussion pourra avoir lieu, peu importerait. L'essentiel serait que la discussion soit agitée, et pour qu'elle le soit, il me semble encore qu'il n'y avait qu'un seul moyen expéditif : la citation directe. M. Laffitte se portant partie civile, il faudrait nécessairement qu'un arrêt intervînt. Si la Cour se déclarait incompétente, elle serait toujours obligée d'entendre toutes les raisons qui militent en faveur de l'opinion contraire. Si elle se déclarait compétente, sans doute que M. Mangin y serait traité avec douceur ; mais peut-on raisonnablement compter qu'une autre Cour se montrerait plus rigoureuse ?

En adoptant cette marche, la Cour, sous peine de déni de justice, aurait à se prononcer ; tandis qu'avec l'autre, si le garde des sceaux veut garder le *statu quo*, il en est libre, et je ne vois aucun moyen de l'en faire sortir. Les accents de la tribune ne sont plus aujourd'hui des considérations pour le pouvoir.

Vous me demandez, Monsieur, des renseignements sur le personnel des juges qui pourraient être appelés à prononcer sur la plainte en question. . . . .
. . . .

Ici le manuscrit a été lacéré. La page suivante manque... M. Pontois n'ayant pas jugé à propos de conserver trace dans ses papiers d'appréciations d'une nature aussi délicate.

———

...... J'ai eu le plaisir d'embrasser le général Demarçay et de recevoir par lui de vos nouvelles.

Que dites-vous, ou plutôt que ne dites-vous pas des étrennes que nous a données le ministère ? Mais voilà que le gouvernement anglais donne aussi les siennes à la

Sainte-Alliance. Les États-Unis continuent à lui offrir leur bouquet. Les grecs triomphent !

Si l'amour de la patrie pouvait s'isoler de l'amour de la liberté, ce seraient là des consolations; mais comment ne pas verser des larmes amères en voyant les progrès que d'autres font dans la carrière que la France a ouverte au monde, au prix de son sang le plus pur, lorsque nous sommes réduits à la parcourir à reculons, à subir la loi des vaincus, et à payer leur perfidie?

Lorsqu'au mépris de votre propre opinion solennellement publiée, l'an passé, vous venez nous proposer une loi contre le sacrilége, disait quelqu'un, ces jours derniers, à M. de Peyronnet, qui nous répondra que l'année prochaine vous ne nous en apporterez pas une contre le blasphème?

— Hé! qui vous a garanti que nous attendions pour cela l'année prochaine!

M. de Peyronnet fait, en répondant ainsi, preuve de sens autant que d'humilité; mais il se trouve encore des gens qui répètent leur refrein : *ils n'oseront pas aller jusque-là.....* Savez-vous la réflexion de quelques autres dont les yeux sont enfin dessillés? « *Que voulez-vous faire avec une nation aussi lâche!* »

Les misérables parlent de la lâcheté des autres!

Adieu, mon cher confrère! Si vous voulez apercevoir quelque chose dans notre avenir, je vous engage à regarder plutôt au dehors que dedans.

Continuez à me conserver votre amitié et croyez à la sincérité de la mienne pour vous.

MANUEL.

Paris, ce 12 janvier.

A Monsieur Pontois, *avocat à Poitiers.*

Paris, ce 15 février 1823.

Monsieur,

Je suis coupable envers vous d'une grande négligence : je ne vous ai pas encore remercié des soins que vous avez bien voulu donner à ma plainte contre M. Mangin. Vous avez vu le beau résultat que l'on a obtenu auprès de la Cour de cassation. Il y a encore cependant en France de bonnes gens qui vous diront qu'il existe de la justice et des tribunaux.

Veuillez.....

J. LAFFITTE.

A Monsieur PONTOIS, *avocat à Poitiers.*

—

On m'a communiqué, Monsieur, une lettre de Poitiers, qui annonce une souscription ouverte pour payer l'amende à laquelle j'ai été condamné dans l'affaire Mangin. Je ne sais à qui m'adresser pour exprimer à la fois ma reconnaissance et les motifs qui m'empêchent de profiter de cette bienveillante intention ; et comme vous avez déjà eu la bonté de vous charger de ce qui était relatif à ma plainte, je prends la liberté de recourir dans cette occasion à vos bons offices. Veuillez donc, si vous connaissez les personnes qui ont eu l'idée de cette souscription, leur dire qu'assurément ce n'est pas par une fierté mal entendue que je m'y refuse. Les témoignages de l'intérêt de mes concitoyens me sont trop précieux pour que je ne m'empressasse pas de m'en prévaloir, si une raison péremptoire ne s'y opposait. Le paiement de mon amende, si je ne le supportais pas réellement, aurait pour effet immédiat et inévitable de faire condamner désormais tous les écrivains à la prison, puisque l'amende deviendrait illusoire. Je ne puis donc, quelque regret que j'en éprouve, me prévaloir de cette offre honorable aux dépens d'une classe déjà trop sévèrement traitée; mais je vous supplie d'être mon interprète auprès de tous ceux qui ont eu l'extrême bonté d'en concevoir l'idée. J'espère et je compte qu'en m'adressant à vous dans cette affaire, je ne vous compromets en rien, puisque j'ignore si vous étiez au nombre des souscripteurs.

Je vous réitère l'assurance de mon sincère attachement et de ma très-haute considération.

Benjamin CONSTANT.

Paris, ce 17 février 1823.

A Monsieur Pontois, *avocat à Poitiers.*

—

Poitiers, le 25 février 1823.

Monsieur,

J'ai communiqué aux personnes qu'elle concernait la lettre que vous m'avez fait l'honneur de m'écrire le 17 de ce mois. Je ne pourrais que vous exprimer faiblement le regret que leur a fait éprouver la résolution que vous avez prise. Tout en admirant la générosité du motif qui vous l'a inspirée, elles se sont demandé s'il n'y avait pas plus que de la modestie de votre part à vous placer sur la même ligne que le reste des écrivains, et si la manifestation de l'opinion à l'égard de votre persécuteur, sur le théâtre même de ses exploits, n'aurait pas plus que balancé, dans l'intérêt général, la chance de condamnations éventuelles contre les auteurs de futurs écrits. Quoi qu'il en soit, Monsieur, vos intentions seront respectées. La seule grâce que je suis chargé de vous demander serait de permettre l'insertion dans les journaux du projet de souscription et des motifs qui vous ont déterminé à y renoncer.

Recevez.....

PONTOIS, avocat.

A Monsieur Benjamin CONSTANT, *député de la Sarthe.*

———

Je suis trop reconnaissant, Monsieur, et j'ai été trop flatté des intentions que plusieurs bons citoyens de Poitiers avaient manifestées en ma faveur, pour que je ne le sois pas également de la publicité qu'ils veulent donner à ces intentions. Je ne vois aucun inconvénient à cette publicité, pourvu qu'elle ait lieu d'abord dans quelque journal de département, parce que si une lettre anonyme l'annonçait dans les journaux de Paris, on pourrait croire que je l'y ai fait insérer pour me faire valoir.

Agréez.....

B. CONSTANT.

Paris, ce 28 février.

Si on se déterminait à écrire aux journaux libéraux de Paris sur cette affaire, il faudrait m'en prévenir, car c'est à ma demande que jusqu'ici ils n'en ont pas parlé.

A Monsieur PONTOIS, *avocat à Poitiers.*

———

A la suite de la plainte en diffamation portée devant la Cour de cassation contre Mangin par Laffitte, Benjamin Constant, Kératry et le général Foy, la Cour de cassation décida qu'il n'y avait pas lieu à poursuivre.

Mangin alors déféra au tribunal correctionnel de la Seine deux lettres injurieuses de Benjamin Constant, écrites à l'occasion de la plainte.

Benjamin Constant fut condamné à deux mois de prison et 600 francs d'amende.

La Cour, sur appel, réforma le jugement du tribunal correctionnel et ne maintint contre Benjamin Constant que la condamnation à l'amende.

C'est de cette amende qu'il est question dans les lettres qui précèdent.

—

Deux comptes-rendus du procès Berton furent publiés à Poitiers en 1822 [1].

L'un officiel, imprimé par Barbier, l'autre *non officiel*, imprimé par Catineau.

A l'occasion de ce compte-rendu, Catineau fut l'objet de poursuites. Nous donnons ci-dessous, et d'après un document de l'époque, le réquisitoire prononcé dans cette affaire par M. l'avocat général Labady [2].

AUDIENCE DU 14 SEPTEMBRE.

A onze heures la Cour rentre en séance.

M. l'avocat général Labady se lève et dit : « Nous avons fait assigner le sieur Étienne-Pierre-Julien Catineau, im-

---

[1] Voir la lettre du procureur général de Poitiers, page 187, et la note au bas de la page 69.

[2] Voir PIÈCES JUSTIFICATIVES, n° XLII, et la note au bas de la page 221.

primeur-libraire à Poitiers, non-seulement parce qu'il a commis des infidélités en rendant compte des séances, mais encore parce qu'il a injurié les magistrats. »

Ici M. l'avocat général donne lecture des conclusions énumérées dans la citation qui a été donnée à la date du 10 septembre 1822. Ces conclusions tendent à ce que, attendu que *l'esprit* dans lequel est écrit le journal des séances que le sieur Catineau a fait paraître est évidemment de porter atteinte au respect dû aux magistrats et aux jurés de la Cour d'assises, et d'altérer la confiance que les citoyens doivent avoir en eux ; à ce que c'est par pure méchanceté et dans des vues perfides qu'on a commis des infidélités, et qui sont en parfaite harmonie avec l'esprit dans lequel est rédigé tout le journal, il soit déclaré coupable du délit d'infidélité et de mauvaise foi dans le compte qu'il a rendu des séances des 30 août et 6 de ce mois de ladite Cour d'assises, et à ce que, pour réparation dudit délit, il soit condamné, conformément à l'article 7 de la loi du 25 mars dernier et l'article 42 du Code pénal, à 6,000 francs d'amende, trois ans de prison, à la privation des droits mentionnés dans ledit article 42, et aux dépens de l'instance, apposition, publication et affiches de l'arrêt à intervenir.

M. l'avocat général s'attache ensuite à démontrer que le journal intitulé *Procès de la conspiration de Thouars et de Saumur* doit être rangé parmi les journaux dont parle la loi du 25 mars 1822. Il s'appuie du prospectus de cet ouvrage, où il est dit « que l'on se propose de rendre un compte impartial et vrai de toutes les séances, et de *l'imprimer jour par jour* ».

Le sieur Catineau est responsable des infidélités commises par ses sténographes : il est l'éditeur et l'imprimeur de ce journal. On objectera peut-être que ces sténographes, étant très-éloignés, n'ont pas pu saisir tout ce qui s'est dit : mais par quelle singularité ont-ils entendu distinctement tout ce qui pouvait rentrer dans l'esprit qui a présidé au journal, et n'ont-ils rendu qu'imparfaitement tout ce qui pouvait lui être opposé ? Nous avons prétendu et prétendons encore que l'esprit de ce journal était le même que celui de ces écrits incendiaires qui fomentent la révolution et tendent à ébranler le gouvernement.

En voulez-vous la preuve? voyons à la page 106. — *(César, vivement :)* « C'est faux, c'est très-faux ! »

Il n'est pas vrai que César ait tenu *vivement* ce propos. On ne lui a mis ce discours dans la bouche que pour donner à entendre que César était indigné de la déposition du précédent témoin. Cette manière d'écrire *tend* nécessairement à représenter les magistrats comme voulant ajouter plus de foi aux dépositions les moins concluantes pour éloigner les autres. On a voulu représenter le procureur général comme un magistrat astucieux et cherchant à obscurcir la vérité. Qui croira, Messieurs, à un pareil mensonge ?

Non-seulement on a voulu rendre les magistrats suspects, mais encore les jurés, qui, durant le cours de cette longue et pénible affaire, ont déployé cette noble impassibilité qui doit être le caractère distinctif de leur fonction. On a été jusqu'à dire qu'il y avait eu *rumeur* parmi eux lorsque M. *Pontois* a fait observer que le témoin *Léger* avait dit, dans sa déposition écrite, qu'il s'était transporté, le lendemain de l'événement de Saumur, sous les fenêtres du sieur Dufresnes et y avait crié *Vive le roi !*

Ce fait est *faux*, vous le savez, Messieurs, c'est une imputation injurieuse : qui sait mieux que vous la majestueuse attitude que MM. les jurés ont tenue pendant tous les débats ! Des magistrats qui donneraient des marques d'approbation ou d'improbation manqueraient au plus essentiel de leurs devoirs, et MM. les jurés connaissaient trop bien les leurs pour se permettre une semblable infraction.

Passons à la séance du 6 septembre, page 230.

On y lit : « *M. le procureur général*, en s'adressant à M⁰ Drault : Vous devez donner acte à la Cour que vous n'avez rien à dire pour votre client. » On a voulu faire entendre par là que le ministère public avait cherché d'une manière astucieuse à engager M⁰ Drault à défendre le général Berton.

On lit plus loin : « *M. le procureur général* : Toute la procédure sera annulée s'il est constant que Berton n'a pas été défendu. » Eh! Messieurs, qui croira que M. le procureur général ait pu prononcer ces paroles, qui n'auraient pu sortir de la bouche du plus mince des substituts du parquet! Tout cela est ridicule et rédigé dans le plus mauvais esprit.

Enfin, à la page 234, on fait dire à M. le procureur général, toujours en s'adressant à M⁰ *Drault* : « Songez qu'en vous refusant à défendre, vous annuleriez la procédure et que vous compromettriez la réputation de votre ordre. » Et cependant, plus haut on a fait dire à ce même magistrat : « Donnez acte à la Cour de ce que vous n'avez rien à dire! » Quelle ridicule contradiction! quelle intolérable imposture!

Tout cela est faux, de la plus insigne fausseté! Tout cela porte la teinte de supercherie qu'on a cherché à donner au premier magistrat du ministère public. Rien de semblable n'a été dit dans le journal de *Barbier*.

Mais ce qui est le plus digne de blâme, c'est ce que l'on trouve à la page 233. L'accusé Berton a la parole.

Le général Berton demande quelques instants pour se recueillir. « *M. le procureur général* : La Cour se trouve sur les limites de l'humanité par les égards qu'elle a montrés pour tous les accusés; et c'est avec la confiance de notre dignité que nous supplions la Cour, au nom de sa propre dignité, de ne plus accorder aucun délai. »

Quel nom, Messieurs, donner au magistrat qui aurait eu la barbarie de refuser à un accusé les moments qu'il aurait demandés pour se recueillir, à un accusé surtout qui se trouvait privé de défenseur ! Mais la preuve que rien de tout cela n'a eu lieu, c'est que le général Berton n'a pas prononcé son discours d'abondance ; que par conséquent il n'a pas eu besoin de se recueillir ; qu'il tenait à la main le discours, *tel qu'il lui avait été remis par Mᵉ Drault*[1], et qu'il n'a fait que lire un discours préparé longtemps d'avance.

Nous allons plus loin : nous voulons supposer que M. Catineau ait été de la meilleure foi du monde ; que, n'ayant pas assisté aux débats, il ait pu ignorer ce qui s'y était passé. Mais M. Catineau est un homme éclairé, un homme de sens et de raison : il pouvait s'informer auprès des gens intelligents et exacts qui avaient assisté aux débats ; il devait réfléchir avant d'écrire, et ne devait pas supposer dans les magistrats l'oubli de leurs devoirs, et faire ainsi aux magistrats des imputations aussi injurieuses que légèrement et faussement fondées.

Il est temps, a dit en terminant M. l'avocat général, de mettre un terme au débordement de ces écrits incendiaires qui compromettent la tranquillité de l'ordre public. On disait dernièrement, dans cette enceinte, que les révolutions avaient cela d'affreux qu'elles contrariaient la marche immuable de la nature, et que, tandis que dans le cours ordinaire des choses les enfants fermaient les yeux de leurs pères, dans les temps de révolutions c'étaient au contraire les pères qui fermaient les yeux de

---

[1]. Il a été constaté aux débats que Mᵉ *Drault* n'avait rien pu faire passer à son client. Il est également constant que les discours prononcés par Berton sont bien son œuvre et non pas celle de son avocat. Ces discours étaient entièrement écrits de la main du général.

leurs enfants. Eh bien ! l'un des moyens les plus efficaces pour apporter quelque remède à ces déplorables désordres, c'est de sévir contre les folliculaires perfides, dont les écrits tendent à corrompre les sentiments les plus généreux et à déconsidérer les magistrats. Quand ils seront réduits au silence, l'ordre sera bien près d'être rétabli, et les enfants pourront alors fermer les paupières de leurs pères !

TABLE

DES MATIÈRES.

	Pages.
Avant-Propos.	1

CHAPITRE I.

État de l'opinion publique en France en 1822... ... 5

CHAPITRE II.

La conspiration... 21

CHAPITRE III.

Le procès... 63

CHAPITRE IV.

Les exécutions... 94

CHAPITRE V.

Le comité directeur... 110

PIÈCES JUSTIFICATIVES.

                                                                Pages.

I. — Lettre de M. de Maleville à M. Leidet, conseiller à la Cour royale de Poitiers.. 119

II. — Lettre du général Lafayette à M. Pontois, avocat à Poitiers.. 120

III. — Lettre du général Berton à M. Pontois, principal du collège de Thouars.. 122

IV. — Lettre du colonel Alix à M. d'Haveloose, juge d'instruction à Nantes.. 123

V. — Bulletin du corps aux ordres du général Berton.......... 125

— Extrait des notes portées sur l'agenda de l'ex-colonel Alix.. 126

VI. — Lettre du colonel Alix à M. d'Haveloose, juge d'instruction à Nantes.. Id.

VII. — Première déposition écrite de Périnne Triboudeau devant le juge d'instruction de Baugé.. 128

— Deuxième déposition écrite de Périnne Triboudeau devant M. Barbault de La Motte, président de chambre à la Cour de Poitiers.. 133

VIII. — Lettre de Caffé à M. Barbault de La Motte, pour sa justification.. 136

IX. — Extrait d'un rapport du sous-préfet de Parthenay au préfet des Deux-Sèvres... 140

X. — Procès-verbal dressé par M. Pihoué, maire de Thouars... 141

XI. — Lettre de M. de Bellune, ministre de la guerre, au ministre de l'intérieur... 144

XII. — Réquisition d'armes par le général Berton............. 145

XIII. Extraits des interrogatoires de Ledain, Ricque et Senechault.. 146

TABLE. 289

                                                                          Pages.

XIV. — Décret du général Berton............................... 147

XV. —   Id.   148

XVI. — Réquisition de voitures par le général Berton.......... Id.

XVII. — Lettre de M. Pihoué, maire de Thouars, au sous-préfet de Bressuire.. 149

XVIII. — Notice sur Berton émanant de la préfecture du département de la Vienne....................................... 150

XIX. — Lettre du sous-préfet de Bressuire au sous-préfet de Parthenay... 154

XX. — Extrait d'une lettre de M. de Neuilly au ministre de l'intérieur.. 152

— Lettre de M. Delepine, lieutenant de gendarmerie, au ministre de l'intérieur.. 153

— Lettre du sous-préfet de Saumur au ministre de l'intérieur. 154

— Extrait d'une lettre du maire de Saumur au ministre de l'intérieur... 156

— Extrait d'une lettre du sous-préfet de Saumur au ministre de l'intérieur... Id.

XXI. — Lettre de M. Vandamme, procureur du roi, à Bressuire... 157

XXII. — Note sur un dossier provenant de la succession de M. Barbault de La Motte................................... 158

XXIII. — Extrait d'un mandement de Mgr de Bouillé, évêque de Poitiers... 159

XXIV. — Lettres du baron Locard, préfet de la Vienne, au directeur général de la police............................... 160

XXV. — Interrogatoire du général Berton par M. de Bernard, premier président de la Cour royale de Poitiers........... 163

— Deuxième interrogatoire du général Berton par le même... 172

XXVI. — Extrait d'une lettre du préfet de la Vienne au directeur général de la police..................................... 176

— Liste des trente-six jurés... 177

— Lettre de M. de Beauchamp, sous-préfet de Châtellerault, au préfet de la Vienne... 179

19

	Pages.
— Lettre du préfet de la Vienne au directeur général de la police.	180
— Id.	182
XXVII. — Interrogatoire du général Berton par M. Parigot, président de la Cour d'assises.	183
— Notice sur M⁰ Drault, avocat de Berton.	Id.
XXVIII. — Lettre de M. de Virsay, lieutenant de gendarmerie à Rochefort, à M. de Jallaix, lieutenant de gendarmerie à la Rochelle, et transmise au préfet de la Vienne.	184
XXIX. — Note sur la prison de la Visitation, où fut enfermé le général Berton.	185
— Lettre de M. Pontois, avocat, au préfet de la Vienne.	186
XXX. — Copie d'une lettre du procureur général Mangin au garde des sceaux, certifiée conforme par M. de Vatismenil, secrétaire général du ministère de la justice.	187
XXXI. — Note sur le procureur général Mangin.	189
— Lettre de M. de Chantelauze, garde des sceaux, à M. Mangin, préfet de police.	Id.
XXXII. — Délibération du conseil de l'ordre des avocats près la Cour royale de Metz relativement à Mangin.	190
XXXIII. — Plainte adressée par divers inculpés à M. le premier président de la Cour royale de Poitiers.	191
— Lettre du préfet de la Vienne au directeur général de la police.	192
XXXIV. — Arrêt de la Cour de Poitiers ordonnant la radiation du tableau des avocats de M⁰ Drault, avocat du général Berton.	193
XXXV. — Copie d'une dépêche de M. de Peyronnet, garde des sceaux, au procureur du roi à Nantes.	196
XXXVI. — Lettre du préfet de la Vienne au directeur général de la police.	198
— Extrait d'une lettre du baron Locard, préfet de la Vienne, au directeur de la police.	199
— Lettre du préfet de la Vienne au directeur de la police.	Id.
— Extrait d'un rapport du préfet de la Vienne au même.	201

                                                                    Pages.

XXXVII. — Lettre du chevalier de Bernon, commandant la gendarmerie de la Vienne, à M. le baron Locard, préfet de ce département... 202
— Lettre du préfet de la Vienne au ministre de l'intérieur.... 203
— Lettre du ministre de l'intérieur au préfet de la Vienne.... 205
XXXVIII. — Lettre anonyme adressée au procureur général Mangin.. 206
— Placard injurieux contre les jurés........................... 207
—   Id.   contre le procureur général Mangin...... 208
—   Id.   contre divers magistrats et fonctionnaires de Poitiers..................................... 209
— Lettre anonyme adressée au baron Locard, préfet de la Vienne.. 210
— Extrait d'une lettre du directeur de la police au préfet de la Vienne au sujet d'un projet d'attentat à la vie du procureur général Mangin.. 211
— Lettre du procureur du roi de Nantes au procureur général de Poitiers... 212
XXXIX. — Lettre du préfet de la Vienne au directeur de la police.. 213
— Lettre du préfet de l'Oise au ministre de l'intérieur........ 214
— Lettre d'un sieur Dubuisson, officier de gendarmerie, au préfet de la Vienne.. 216
XL. — Lettre de Mangin à M. Gilbert-Boucher, procureur général à Poitiers... 217
XLI. — Lettre de M. Pontois, avocat, au rédacteur du *Courrier français*... 219
XLII. — Extrait d'une lettre du préfet de la Vienne au directeur de la police... 220
— Questions posées au jury et réponses du jury relativement au général Berton... 221
— Signalement du général Berton.............................. 223
XLIII. — Commutations de peine accordées à Fradin et à Senechault... 224
XLIV. — Extrait d'une lettre de Beaufils aux procureurs du roi de Saumur et de Baugé.. 225

	Pages.
XLV. — Lettre de M. Laumond à M. Pontois, avocat, concernant le colonel Gauchais............................	226
— Defense du colonel Gauchais par Boncenne..............	227
— Note concernant l'affaire du colonel Gauchais...........	230
XLVI. — Exposition et marque de Saunion par le bourreau....	232
XLVII. — Grâces accordées à divers condamnés............	Id.
XLVIII. — Lettre de Me Merilhou, avocat, à Me Drault, avocat à Poitiers..	233
XLIX. — Lettre de Mangin à Mme Mangin..................	236
L. — Lettre du chevalier de Bernon, capitaine de gendarmerie, au préfet de la Vienne................................	237
— Note du même au même...............................	238
— Lettre du baron Locard, préfet de la Vienne, au garde des sceaux..	239
— Procès-verbal de l'exécution du général Berton..........	241
— Lettre de M. Labady, avocat général, au maire de Poitiers pour faire dresser l'acte de décès du général Berton.......	242
— Acte de décès du général Berton.......................	243
LI. — Procès-verbal constatant le suicide de Caffé..........	244
— Acte de décès de Caffé...............................	Id.
LII. — Procès-verbal de l'exécution de Saugé et de Jaglin.....	245
— Note de M. de Malartic, général commandant le département de la Vienne, au sujet de l'exécution de Saugé et de Jaglin..	246
— Lettre du préfet des Deux-Sèvres au ministre de l'intérieur..	Id.
LIII. — Note concernant le sieur Nicolle, gendre de Saugé.....	247
LIV. — Lettre du sous-préfet de Bressuire relative à l'exécution de Saugé et de Jaglin................................	248
— Extrait d'une lettre du préfet de la Vienne relative à Saugé et Jaglin..	Id.
LV. — Lettre du directeur de la police au préfet de la Vienne.	249
— Extrait d'une lettre du préfet de la Vienne au directeur de la police, au sujet de l'inhumation du général Berton.........	250
— Lettre du sieur Lami, commissaire de police, au préfet de la Vienne, sur le même sujet................................	251

TABLE. 293

	Pages.
LVI. — Lettre du garde des sceaux au procureur général Mangin	252
— Extrait de l'Histoire du gouvernement parlementaire en France de Duvergier de Hauranne	Id.
— Discours du général Foy	253
— Discours du général Lafayette	254
LVII. — Lettre du général Demarçay à M. Pontois, avocat, contenant appréciation du caractère de Mangin et diverses réflexions sur le barreau de Poitiers	255
— Lettre du préfet d'Indre-et-Loire au préfet de la Vienne, au sujet du départ du général Demarçay pour Poitiers	257
LIX. — Lettre du général Demarçay à M. Pontois, avocat, au sujet de l'accusation portée à la Chambre des députés par M. de Saint-Aulaire contre le procureur général Mangin	258
— Entrevue de Mangin avec Louis XVIII, relatée dans une lettre écrite par Mangin à sa femme	Id.
— Lettre de Mangin au garde des sceaux pour l'assurer de son zèle	260
— Bulletin confidentiel de la préfecture de police (2 août 1822) et relatif à Benjamin Constant	261
LX. — Lettre de Manuel à M. Pontois, avocat	Id.
LXI. — Lettre du même au même au sujet de poursuites à intenter contre le procureur général Mangin	263
— Lettre de Benjamin Constant à M. Pontois, avocat	Id.
— Lettre de J. Laffitte à M. Pontois, avocat	264
— Lettre de Manuel au même au sujet des poursuites à intenter contre le procureur général Mangin	265
— Lettre de Benjamin Constant au même sur le même sujet	268
— Plainte de Benjamin Constant contre le procureur général Mangin, déposée au parquet de la Cour royale de Poitiers	269
— Lettre de M. Pontois, avocat, à M Benjamin Constant, député, au sujet de la plainte en diffamation déposée par ce dernier contre le procureur général Mangin	272
— Lettre du même à M. Manuel, député, sur le même sujet	274
— Lettre de Manuel à M. Pontois sur la politique du gouvernement et sur M. de Peyronnet	276
— Lettre de J. Laffitte à M. Pontois	278

	Pages.
— Lettre de Benjamin Constant à M. Pontois, avocat, au sujet d'un projet de souscription destinée à payer l'amende à laquelle il avait été condamné dans son affaire contre Mangin.	278
— Lettre de M. Pontois à M. Benjamin Constant sur le même sujet.	279
— Lettre de Benjamin Constant à M. Pontois sur le même sujet.	Id.
— Note relative à la condamnation prononcée contre Benjamin Constant.	Id.
— Réquisitoire de l'avocat général Labady à l'occasion des poursuites dirigées contre l'imprimeur Catineau pour infidélité et mauvaise foi dans le compte-rendu des débats du procès Berton, et injures envers les jurés, le procureur général et la Cour.	281

Poitiers. — Typ. de A. Dupré.

www.ingramcontent.com/pod-product-compliance
Lightning Source LLC
Chambersburg PA
CBHW071603170426
43196CB00033B/1591